森村 豊　1898年（明治31年）

市左衛門（右）と豊　1889年（明治22年）ニューヨークにて

日米貿易を切り拓いた男

森村豊の知られざる生涯

森村悦子

東洋経済新報社

まえがき

　一八七六年（明治九年）アメリカ合衆国に渡ってニューヨークに店を開き、日本の伝統的な工芸品を売り始めた男がいる。名前を森村豊《とよ》という。このとき二十二歳、身長百五十センチに満たない青年は、大男が闊歩するニューヨークで、日本の伝統的な技術や美意識によって作られた品物を売った。彼は、現地の人びとの嗜好に細心の注意を払い、孤軍奮闘し、次第に取り扱う商品を特化させていく。それは日本人のアメリカに対する最初の直《じき》輸《ゆ》出《しゅつ》への取り組みだった。ペリーの来航後、横浜、箱館、長崎が開港し、貿易が行われたといっても、それはたとえばイギリスのジャーディン・マセソン商会などを通した貿易であり、日本人で外商を通さず直接に貿易を始めた者はほとんどいなかった。当時の日本人にとって近代的な貿易は未知の領域だったのである。

　森村豊には市太郎（後の六代目市左衛門）という兄がいた。森村市太郎・豊兄弟がこの米国貿易を志し貿易商社・森村組を起こしたのが一八七六年（明治九年）のことであった。

市太郎は三十七歳、豊は二十二歳だった。そもそも貿易に手を染めようと思い立ったのは、兄の市太郎だった。開国してまもなく、日本の金貨がどんどん海外に流出しているのを目の当たりにして憤りを覚え、日本の富を何とかして取り返そうと密かに考えた。しかし、いったいどうすればそのようなことが可能なのだろうか。明治初頭の日本には銀行もなく、どのようにすれば貿易ができるかも雲をつかむような話であった。そこでいろいろと考え抜き、弟をニューヨークに送り日本の骨董品や雑貨を販売して、外貨を獲得しようということになった。兄は日本の森村組を拠点として調達を行い、ニューヨークの豊は六番街の小さな店（モリムラ・ブラザーズ、当初は日の出商会と称す）でそれを売り捌く、という形で実現した。こうして外貨獲得のための事業は始まったのだが、これはニューヨークで日本からの商品を売り捌けなかったら、そもそも成立しない、いささか無謀な挑戦といってよかった。ニューヨークで奮闘した豊の苦労も並大抵のものではなかったに違いない。事業が開始され、比較的早く収益を上げることができたのは幸運だった。

　もっとも、兄弟は少々の成功では満足しなかった。豊はたえずアメリカ人の嗜好や経済力を研究し、次第に骨董品よりも陶器が好まれることに気がつき、現地の趣味に合った新しい製品を開発するように兄に依頼した。市太郎は、周到な調査に立脚した弟の提案を受けて、瀬戸を中心とする名古屋周辺の窯元に素地を作らせ、東京や京都の画付工場でヨーロッパ風の画を施させた。兄弟の連携によって考案された陶器は、日本の伝統からは大きく外れるもので、職人たちは渋い顔をしたが、ニューヨークの店に並べてみると、飛ぶように売れたのである。その後も、豊はさまざまなアイディアを次々と出しては成功させ、アメリカでの商売を拡大していった。しかし、異国での無理が祟ったのか、胃癌を患い、一八九九年（明治三十二年）四十五歳で亡くなることになる。

兄の市左衛門についてはいくつかの評伝もあり、その後の足取りを追うことができる。一九〇四年（明治三十七年）日本陶器合名会社（現ノリタケカンパニーリミテド）を創立し、その延長線上で東洋陶器（現ＴＯＴＯ）、日本碍子（現日本ガイシ）、日本特殊陶業などが生まれた。窯業での成功は、市左衛門一人の手柄ではなく、大倉孫兵衛・和親父子、広瀬実栄・実光父子などの協力を得て行われたものである。市左衛門の事業は窯業にとどまらず、多くの分野に広がっていった。彼は日本銀行の経営に監事として参画し、川崎造船所（現川崎重工業）、第一生命、富士紡績などに援助の手を差し伸べた。また北里柴三郎の伝染病研究所設立に出資し、いくつもの研究所や病院に資金援助を行った。教育熱心で、晩年数々の講演・講話を行い、いかなる分野でも人材育成が大切であることを説いた。日本女子大学、慶應義塾、早稲田大学、東京高等商業（現一橋大学）などに積極的に援助し、遂には自邸の庭に南高輪尋常小学校・幼稚園（現森村学園初等部・幼稚園）を創設した。

しかし、弟の森村豊については、彼の生涯を俯瞰できるものはほとんど残されていない。本書は、これまで陰に隠れて目立たなかった豊にスポットライトを当てるために書かれたものである。なぜ豊なのか訊かれれば、それは私（筆者）が豊の曾孫だからとしか答えようがない。私は幼い頃から曾祖父豊の話を父からよく聞いた。今になってみると、私の人生も、豊の影響を少なからず受けていたのだと思わざるをえない。そんな個人的な思いから、森村豊についてささやかな本を書こうという気持ちになった。それにしても、豊の人生には不明な部分が多い。森村組に関する資料は、震災などでその多くが失われてしまった。たとえば、ニューヨークでどのような生活を送っていたのかほとんど知られていない。筆者は、経済の専門家でもなければ、歴史学を学んだわけでもないが、豊の活動拠点のニューヨーク等に調査に行き、できうるかぎり豊の足跡を追いかけてみた。本書では、実業家としての豊だけでなく、人間としての豊にも触れてみるつもりである。

市左衛門と豊は日本の近代窯業の土台を創った。日本陶器の商品はノリタケチャイナと呼ばれ、アメリカ中に知れ渡った。これは市左衛門が調達した商品もさることながら、豊が開拓した市場があってこそだったのである。市左衛門は一九〇一年（明治三十四年）社会貢献のために任意団体森村豊明会（現公益財団法人森村豊明会）を設立した。豊明の二文字は夭折した長男の明六とモリムラ・ブラザーズで活躍し志半ばで討ち死にした豊の慰霊を顕彰してその名前からとられたものである。市左衛門にとって弟森村豊は新時代の要請に応える実業人のモデルだったに違いない。

目次

・引用文については筆者が原文を読みやすいように加筆修正しています。
・英文、仏文資料は筆者の翻訳によるものです。
・写真はすべて森村商事株式会社所蔵。

第一章

生い立ちから渡米まで

豊、江戸に生まれる

森村家は代々商人の家である。ただ、一風変わったところのある商家だった。市太郎と豊の冒険好きとさえ言える先取先覚の精神は時代のせいもあったろうが、森村家に代々受け継がれた新しもの好きの気風が二人の血の中にあったに違いない。それが明治期の国をあげての海外進出において兄弟を先駆的な役割に導いたのだろう。そこで決定的な意味を持ったのが、福澤諭吉との出会いである。森村兄弟は、福澤の「独立自尊」の経済思想に心酔するだけでなく、それを実行に移し、官需に頼らない民間貿易を華々しく成功させたのである。とはいえ、兄弟にとって外国貿易は個人的な贅沢のためではなく、あくまで国の興隆のためだった。まえがきにも書いたように、日本の金貨が海外に流出していくのを見た市太郎の憤りが出発点になっているのである。しかし、森村家に冒険を好む血が流れていなかったら、市太郎ももっと違った地味な道を選んだのではないだろうか。そして、そんな市太郎の夢のような計画に身をもって応えた弟も、大胆で献身的な精神の持ち主だったのだろう。

筆者の脳裏には、豊が、ウィンスロー・ホーマーの画に描かれているような荒波の大洋を航海する船に乗った姿が見える。豊は最初は小さな船の船長だったが、その舵取りが正確で、どんな悪天候に見舞われても荒波を巧みにかわし、しぶとく前進する知性と粘り強さを備えていた。太平洋をはさんで繰り広げられた彼の人生は、日本の海外貿易の幕開けそのものだった。豊はまさに日米貿易のパイオニアだったのである。

市太郎と豊は異母兄弟であり、年齢的にもかなりの隔たりがあったが、性格もずいぶん違っていた。豊には兄のような人間的な華やかさがなかった。市太郎は、後に市左衛門を襲名し、森村家を継ぐが、実業界でもひときわ目立つ人物だっただけでなく、明治の先駆的な博愛主義の思想に立脚して、医療事業や教育事業に寄付するなど、派手に活動の場面を広げていく人だった。それに対して、豊の方は名声を求めるようなところはなく、兄に言われるがまま鉄砲玉のように外国に渡ったのである。二人は歳が離れていたが、どちらも江戸時代の生まれであり、明治維新の移行期を生きたわけで、身分制度が崩れたとはいえ、まだまだ兄の言うことは絶対だった時代である。兄に唯々諾々《いいだくだく》と従っておかしくないと言えば、おかしくなかった時代だった。それが豊の影を薄くしたとも言える。しかし、よく調べてみると、豊の人格には極めて積極的な面があり、自分の信念を持って初めて動く行動の人でもあったことがわかる。目立たないが知性的で計画的な面もしっかり備えていて、兄に言われたとはいえ、兄ともじっくり相談したあとに、自ら納得して出発したのである。兄弟の間に深い相互理解と相互信頼があり、綿密な計画がなかったら、あれだけの成功は収められなかったろう。豊の知性は、ニューヨークでの商店経営、アメリカ人の好みの把握、それに基づいた商品開発からもうかがえる。一見、健気で控えめに見えるが、芯が強く、聡明な人だったのである。ただ、自分のことを吹聴しなかったし、比較的早く、しかも突然に亡くなってしまい、市太郎の陰に隠れてしまったのである。

豊は一八五四年（安政元年）二月十二日、五代目森村市左衛門の三男として京橋（現東京都中央区八重洲二丁目）に生まれた。幼名を豊吉といった。豊と名を変えたのはニューヨークに行ってからのことである。読み方をゆたかとしている資料もあるが、彼自身がサインした英文の書簡を見ると、T.MORIMURAとなっている。従って、とよと読むのが正しい。戸籍上では一八八七年（明治二十年）に正式に改名している。

豊の母親は茂登子という。本所松坂町（現墨田区両国二丁目）の石田喜兵衛の妹だった。五代目の妻松子が早世したので、茂登子は後妻として迎えられた。石田家はどんな職業に携わっていたのか、気になったので調べたが、突き止めることはできなかった。ただ、住んでいた松坂町は元禄時代に吉良上野介が屋敷を構えていたところである。吉良邸は回向《えこう》院に近い約二千五百坪の土地に建つ屋敷だったが、赤穂浪士の討ち入りのあと、幕府に没収されたようである。その後この付近は商人街になり、材木商や炭問屋が多く集まった。茂登子はそういう商家の娘だったのだろう。温和な性格で家族思いの女性だったらしい。

兄、市太郎は十五歳も年上だった。市太郎は一八三九年（天保十年）十月二十七日、京橋西白魚屋敷（現八重洲二丁目）で生まれている。一八九四年（明治二十七年）、五十四歳のときに六代目市左衛門を襲名した。森村組が繁栄し、急流を上る鯉のような勢いがあった時期である。その五年後、豊は亡くなる。ということは、豊が知っていた兄は、豊の晩年を除いては幼名の市太郎だったということである。本書では、一八九四年までは市太郎と呼ぶことにしたい。二人はまれに見るほど仲の良い兄弟だった。森村家の大いなる発展は、この兄弟愛を土台としている。

森村家はどこから来たのであろうか。もともとは遠州（静岡県）菊川の支流の上《かみ》小《お》笠《がさ》川流域の森という村に住んでいたとのことである。現在は菊川市と呼ばれている。この地域は戦国時代から旗本井上氏の領地だった。その井上家を頼って初代市左衛門は元禄時代に江戸に出てきたのである。

一家はどうも男子に恵まれない家のようだ。二代目から五代目まですべて養子で、初代と六代目市左衛門（つまり市太郎）だけが実子であった。市太郎と豊の祖父である四代目は三代目の娘、吉女の婿になり、森村家を継いだ。この四代目が目立つのは、森村家のその後の発展の種を蒔いたと言えるからである。

森村家の個性を創出したのが四代目市左衛門だと言ってもいいかもしれない。世才に長けていて、豪放磊落《らいらく》だった。そんな性格のおかげで、土佐藩の江戸留守居役、広瀬伝之進と懇意になった。二人は身分の違いを乗り越えて、酒を酌み交わしては、兄弟のような付き合いをしていたようだ。ほとんど毎晩のように広瀬家で酩酊し、帰宅には広瀬家の使用人が付き添っていかなければならなかった。その日受け取った勘定の小判を、ばらばらと平気で落としながら先に行くので、後ろから使用人がそれを拾い集めて家人に渡したという逸話が残っている。

四代目市左衛門は馬具の商いをしていた。山内家に納めた具足櫃《ぐそくびつ》は堅牢にできていて、土佐と江戸をたびたび往復しても破損しなかった。森村の仕事には気迫がこもっていると評判だった。仕事には熱心だったが、勘定をとることには鷹揚《おうよう》で、かなりの借金が残っていたようだ。森村家が後に大きくなるのは、このように四代目市左衛門がすぐれた馬具商で、土佐藩の武家と公私にわたって交際し、しっかりした人脈を創ったからに違いない。市太郎と豊の父、勇造が森村家へ婿入りし、五代目市左衛門になったのも、広瀬家の口添えがあったからだ。しかし、金銭にだらしなかった四代目の後始末で、五代目が苦労したのも事実である。五代目は四代目の借金も引き継いだのである。

　五代目は、四代目とは正反対で、朴訥で地味な性格だった。律儀で仕事熱心だったから、袋物を作って真面目に働き、ひたすら借金の返済に明け暮れていた。そんな内向きになった森村家を再び外に向かって開いたのが市太郎である。ちょうどうまく時代の波に乗り、森村家を近代的なブルジョワ資産家にのし上げた。五代目は、市太郎と豊の成功のおかげで静かに老後を送り、隣家に住んでいた伊藤博文の厳父と楽隠居同士で碁を打ち合ったりしていたと言われている。

　市太郎は数えで十三歳のとき、日本橋長谷川町の呉服商、笹山卯兵衛のもとに奉公に出されている。しかし、蒲柳《ほりゅう》の質で奉公し続けることができず、十五歳のとき、暇をもらって実家に帰ってきた。ただ家にいても仕方がないということになり、叔父に連れられて毎日一中節《いっちゅうぶし》の稽古に出かけた。稽古が終わると三百点の灸をしてもらった。灸が喉に効くから発声が良くなるということだった。ところが喉だけでなく、全身に効果が表れ、めきめき元気を取り戻した。身体が壮健になると、精神も頑強になったのである。

市太郎は知的好奇心の旺盛な人だった。身体が丈夫になると、父を助けて袋物商をしながら、字引をたよりに頼山陽の『日本外史』を必死に読んだ。戦国武将、伊勢新九郎（北条早雲）は市太郎が最も感銘を受けた武将だった。事業をやっていく上で大事なことは、どのように使用人を扱うかである。「人の将である法は、天下のすぐれた人びとの心を自分の方へ引きつけるにある。これが何よりの軍法戦法である。事業を経営するにもこの心もって事に従ったならば、必ず盛運開きて過ちも少ないに違いない[1]……」と市太郎は言っている。

戦場で功名手柄があったときに、独り占めしないで、財宝でも領地でも惜しげなく部下に分けてやるという伊勢流のやり方にひどく心を打たれたのである。後年、森村家が事業で成功を収めるのは、市太郎がこのときの感動を忘れず、その成果を仲間に分け与えたことが大きい。司馬遼太郎が『箱根の坂』の中で記しているように、権力につくと私欲に耽るのは大きな誤りで、北条早雲のように公のために志を立てて、新しい事業体制を確立しなければならない。おそらく市太郎はいつも自分を北条早雲に見立てていたのだろう。

市太郎の時代の森村家はよく災害や火事に見舞われている。市太郎はその度に家や財を失い、その度に家を復興させている。安政二年（一八五五年）十月二日、江戸の大震災では、五郎兵衛町の家屋など一切を消失し、文字通り路頭に投げ出された。豊は一歳だった。市太郎はそのときのことを次のように語っている。

> 同夜、父と夜業中、十時頃、にわかに震動、銀次郎〔弟〕及妹ふじと豊吉を床中より引出し、戸外に飛び出て左右を見れば、家屋全きものなし、八方火事、進退道を失い、鍛冶橋へひとまず両親、子供引連れ難をさく。このとき、無一物となり大災の為、大なる奮発心を起こす。[2]

市太郎は、絶体絶命の窮地に追い込まれると、鍛練した身体と持ち前の精神力で困難に立ち向かった。震災と大火の被災者は一万人とも一万五千人とも言われていた。住む家を失った人びとは、年賦で借金をして住居を確保しなければならなかった。市太郎も、「どんなに苦しくても、断じて他人の力には頼るまい。どんな場合に臨もうとも、不正不義の手段は断じて取るまい。ただ根かぎり、力一杯に稼いで、再び森村の家を盛り返そう」と決心した。

父と一緒に一家六人を養うことになった市太郎は、昼は土工をして働いた。あたり一面焼け跡だったので、仕事はいくらでもあり、一日働くと五百文もらえた。このうち二百文を生活費にして、日々の食事は、塩を入れた玄米のおかゆに二切れの香の物だけという質素な食事に甘んじた。そして残りの三百文は商売を始めるための資本として蓄えた。

それだけでは飽き足らず、夜は襦袢に綿入を着て頬被りをして大道で煙草入れを商った。幸い一年足らずで小さな家を四十両（約三百万円）で新築することができた。一心不乱に働いたおかげで、普請した家の借金は四年後の一八五九年（安政六年）にすっかり返済している。市太郎の手記が残っている。

> 日々商売にて得たる利益を積み、五節句に借金を少々宛返す。安政六年十二月大晦日に借金皆済したり。其時の心嬉敷事たとへんに物なし。二百文程にて松竹注連飾りを買集め、自身にて打付けたる其心中、我独り愉快、満腔の随喜、数年の辛苦を一時に忘れたり。[3]

市太郎は京橋鎗屋《やりや》町（現銀座三、四丁目付近）に住居を定め、先代からの武具・袋物商に戻った。丁度その頃、横浜開港のために世の中が急に騒がしくなっていた。幕府は一八五三年（嘉永六年）のペリー来航に困惑し、一八五八年（安政五年）に締結された日米修好通商条約に揺さぶられていた。横浜が開港され、外国人居留地が設けられると、外国との交易が活発になっていった。

　市太郎は持ち前の好奇心に駆られ、横浜がどんなところだろうと出かけて行き、外国人と接触するようになり、唐物類（舶来雑貨）の知識を得た。古服、古靴、書籍、パン、シャボンなどといった日用品を次々に買い入れて江戸へ持ち帰って売り歩くと、瞬く間に売り捌けた。しかも予想以上に高く売れる。京橋から横浜へ行くのは徒歩で、明け方に出かけても夕方までかかったが、翌日江戸に戻るとすぐに売り切れるので足の疲れも吹っ飛んだ。

　仕入れた商品の中には、懐中時計、遠眼鏡、鉄砲などもあった。西洋の最新技術を示すこうした工業製品が彼の心を捉えて離さなかった。魅了されるあまり、一八六三年（文久三年）にさっそく写真機を作り、自分の写真を撮らせることまでしている。丁髷《ちょんまげ》に帯刀姿の市太郎の写真が残存しており、写真の背面には「文久三年写、未タ写真屋無キ時、早崎某氏、細川潤次郎氏、万次ト三人ニテ薬モキカイモ造ル、玉ハ両眼鏡ヲ取テ用ル」と記されている。市太郎は、細川潤次郎（土佐の法制学者）や万次（土佐の漁師、中浜万次郎）らとガラス乾板を作り、現像液を調合し、写真撮影を試みていたのである。

ところで、写真の裏にある細川潤次郎と万次は、カッコ内に補記したように土佐の人である。ここに、森村家と土佐藩との親密な関係が読み取れるが、実は、森村家は馬具商としての付き合いがあっただけでなく、明治維新の前後に、土佐から江戸に出てきていた人たちを金銭的に援助したことがあり、それで関係が一層緊密になったのである。写真の裏の記述はその貴重な証である。森村家と付き合いがあった土佐の藩士は、吉田東洋（一八一六―一八六二）門下の人たちだった。

吉田東洋は、藩主山内容堂から大目付に抜擢され、藩政改革を主導する人物だった。まもなく江戸に出府して、識者の一人として土佐藩中屋敷（現中央区役所のあるところ）に陣取り、他藩の識者とも親交を結んでいた。しかし、ある酒宴で暴力事件を引き起こしたことが原因で、帰郷して隠居することを余儀なくされる。東洋は土佐で私塾を開くことにしたのだが、そこから土佐藩の自由民権思想の担い手となる若手藩士たち、後藤象二郎、乾退助（板垣退助）、福岡孝弟らが輩出するのである。言うまでもなく、幕末の動乱期に土佐藩の動向に大きな影響を与えた人たちである。しかし、大政奉還になると、土佐へ急いで帰郷しなければならない事態になる。そこで旅費を捻出できない者たちが、五代目市左衛門のところに金を借りにきたのである。こうしたことがあり、市太郎は土佐藩士らと昵《じっ》懇《こん》になり、土佐藩と森村家の結びつきはいよいよ解けがたくなったのである。土佐藩の人脈が森村家の交際範囲を飛躍的に拡大させる。徳川の旗本だけでなく、加賀藩や中津藩にも出入りできるようになるのである。

福澤諭吉との出会い

こうして市太郎は江戸に集まっていた諸藩の人たちと交際の輪を広げていった。何が楽しみといって、これらの人たちから海外の事情を聞くことほど楽しいことはなかった。特に奥平家の家老、桑名登氏が引き立ててくれ、舶来品や呉服を納める御用商人となった。新時代の流れに見事に乗ったのである。得意先の数が増え、外国人から仕入れた洋服や雑貨を土佐藩や中津藩などに売り捌くようになり、売上高も跳ね上がった。こうした取引の中で、市太郎はゆくゆくは外国貿易をやってみたいと思うようになったのである。そして、そんな市太郎の背中を強く押したのが福澤諭吉である。福澤との出会いは決定的な意味を持った。少し長くなるが、福澤の言葉を聴いてあっけにとられた様子がよく表れている市太郎の言葉を引用しておこう。

私が奥平の屋敷へお出入りになったとき、桑名登という御家老がおった。私どもが唐物の商売を始めた時、この人は進歩的な人だったので、店に来られて、それが縁でお出入りするようになった。お出入りしてから、とうとう殿様の御用も足すようになった。それからたびたび出かけるようになったが、御家老が町人にあうというのは、大名屋敷として、よほどむずかしいことである。それなのに、こっちへはいれというから、奥の座敷へ通って、いろいろな話をきく。その人のところへ、よく福澤先生がやって来る。福澤先生は足軽である。一方は家老である。身分が違うから、同じ座敷に並んですわることはできないわけだが、御家老は福澤さんのことを、先生、先生といっていた。そこで、これが福澤先生だ、ああそうですかといって、お目にかかったというくらいのことである。その御家老さんが、ぼつぼつ外国の話をされる。今に日本も文明が進んでくると、大名がおまえの家へ、ごめんなさいといって行くようになるにちがいないという。どうもこの人は、とんでもない、夢みたいなほらをふく人だ。お大名にお目にかかることさえできない、お目通りさえできない町人のところへ、お大名が、いらっしゃるということは、とても考えられない。そんなことが、ほんとうにできるものでありますかというと、「あるどころではない。町人という者が、みな今の武士よりもりこうになり、文明が進んでくると、町人の地位がだんだん上がってきて、今日の大名という者が、みな町人の家へ行って、交際をするようになってくる」という。どうも驚いた。

福澤先生も、そばにいて、黙っている。――福澤先生というと、たいへんなもので、奥平家では、ほとんど神様のようにいっている。その人がいるのに、そういうから、これはほんとうだろうと思った。それから家へ帰って来て、この話をすると、誰もほんとうにする者がない。そんなことがあるものかしら。外国ではそうかもしれぬが、日本では、そんなことは、とてもできないありさまだった。――福澤先生にお目にかかったのは、この時が初めてである。[4]

市太郎が福澤諭吉の知遇を得たのは、奥平家の家老桑名登が引き合わせてくれたからである。そして、近いうちに世の中が変わり、町人の地位が上がり、武士の方が町人の家の勝手口から入り、交際を求める時代になるという話を聴いたのである。なんとも半信半疑だったが、福澤の教えには独特の説得力があった。温厚な顔つきをしているが、未来を語る目には確信に満ちた凄みがあった。

飲み込みが早い方だった市太郎も、このときばかりはあっけにとられた。今までとは違う世の中になるとはどういうことなのか。最初は想像もつかなかった。とはいえ、横浜へ出かけて舶来品を仕入れているので、外国人との接点があり、世の中が大きく変わりつつあることを肌身で感じていたこともあった。そうした体験に照らし合わせてみると、福澤の話には腑に落ちるところがあった。市太郎は、福澤の言葉にどこまでも酔い、その人柄に心酔するようになる。福澤に会う度に、外国への想像力が掻き立てられた。おそらく、こうして「外国貿易」というキーワードが市太郎の脳裏に刻まれたのであろう。

市太郎と豊の決心

一八六〇年（万延元年）、幕府は条約批准書交換のために、ワシントンに使節団を派遣することになった。幕府側の正使として外国奉行兼神奈川奉行新見豊前守正興が任命された。新見豊前守の親類の跡部甲斐守を、市太郎の父は昔世話をしたことがあった。そういう関係から、森村家は新見豊前守からもいろいろ懇意にしてもらっていた。

新見豊前守が幕府の使節としてアメリカへ出発するというとき、森村親子は、使節団の土産物と一行が着用する衣服の調達を頼まれたのである。土産物はアメリカの大統領と役人三十人に手渡すものだった。先方が喜びそうな日本のものをということで蒔絵の箱を用意し、その中に花かんざし、櫛、錦絵などを詰めた。一箱作るのに二十五両かかった。

衣服はどうしたらよいだろうか。鎧は着られないし、裃《かみしも》でもおかしいから、陣羽織を着ていくことになった。その陣羽織を拵《こしら》えたのも市太郎だった。

出発する準備は整ったが、一つ大きな問題があった。旅行中に使う路銀の両替の問題だった。日本の小判は通用しないので、メキシコ銀というものを持っていかなければならない。市太郎は外貨を買ったことはなかったが、横浜へ行っているのでこれは自分が何とかしなければならないと思った。

徳川家の金庫から千両箱を三十個出してもらい、これを担がせ、警護の武士を付き添わせて横浜まで徒歩で出かけた。市太郎は、横浜のアメ一（亜《あ》米《め》一番館）という外国人商会で合わせて三万両をメキシコ銀と交換する。相場がいくらか知らなかったので、向こうから渡されただけを受け取って持ち帰った。

ところが、交換したメキシコ銀が日本の小判や一分銀と比較してえらく見劣りすることに、市太郎は釈然としないものを覚えた。こちらから持って行ったのはきれいな一分銀だったが、先方からもらったメキシコ銀は天保銭のような安っぽいものである。しかもメキシコ銀の量目まで減っていた。

当時の両替相場には基準があった。条約で、貨幣はすべて質も量も同じものを交換するという決まりになっていた。ところが、幕府は、向こうの貨幣とこちらの貨幣との違いを知らなかったので、交換すると大きな損失になっていたのである。天保以来、日本では金銀の比価が、金一に対し銀五であったが、西洋では金一に対し銀十五であった。日本と西洋では比価が五割以上も違っていたのである。

遣米使節が路銀として持参するメキシコ銀は、日本の一分銀三枚に相当した。この一対三が正当な評価かどうかは別として、日本銀をさらに日本の小判（金）に替えて海外へ持ち出せば大きな利益が得られる。そのため、開港以来、外国商人がどっと押し寄せ、膨大な小判が海外に流出していたのである[5]。

市太郎は、あるとき日本の小判・一分銀を箱に詰めて持って行く外国人に、それをどうするのかと尋ねてみた。すると次のような返事が返ってきた。「日本ではまだ通商貿易が盛んではないので、何も買うものがない。だから、正金を持って行くしかない。日本の金は割合がよほど安い。小判一両が銀の一円半で買える。従って品物よりよほど利益がある」。

これは一大事だと思った。「船が出るたびに金銀を持って行かれては、鉱山からいくら掘り出したからといって、とても追いつかない。このままにしておいたら、日本の金はみななくなってしまう[6]」。それを阻止するには、どうしたらよいだろうか。居留地で商売を行っている外国商人を見習うことだ。日本人が骨を折って外国に出かけ、日本から運んだ商品を売り捌き、外国から金銀を取ってはどうだろうか。

日本の士族階層には全く実業の精神はなく、旧来の町人・職人階層には社会を変革するだけの教養と覇気がなかった。これから実業を行っていくためには、まず教育を受けて学問のある「人」を作らなければならない。貿易を行って、国を繁栄させるのは、教養人であることが条件である。市太郎は、この福澤の教えに強い衝撃を受けた。外国貿易をやるのは、私利私欲のためではない。ただ金儲けをしたいと思ったのではない。国を救うためには自分が行動しなければならないことを悟ったのである。[7]

市太郎は、外国貿易の必要性を理解したが、自ら外国語を学ぶ余裕がなかった。そこで、一八六五年（慶応元年）当時十一歳の弟豊に時代に即した商業教育を施しては如何かと考えたのである。

豊は、午前中は手習いに行き、午後は小僧の代わりをしている。市太郎は彼を奉公先から呼び戻し、こう尋ねた。「国家の為だから、英語を覚えて、外国へ行って商売をし、金を取り返してくれないか」。豊は、もちろん「よろしい、やりましょう」と市太郎の発案に賛成してくれた。

しかし、森村家の経済は苦しかった。そこで福澤に頼んで、豊を福澤の弟子である英之助の学僕にしてもらう。学僕というのは、先生のところで、飯炊きから使いまで、一切の用事をする。その間に英語を学ぶのである。三、四年苦労してやってみたが、あまり学業の進歩は見られなかった。やはり、塾に入って勉強するしかない。豊は慶應義塾へ入学したいと言い出した。

市太郎は「弟を塾に入れますが、どうぞ商人になるよう、御仕込みを願います」と申し出た。福澤は非常に喜び、「貴下は珍しい考えを持っておられる。今時の若い者は、皆、政治家になると言って勉強しているのに、貴下は弟君を商人に仕立てて外国貿易の戦士にするといわれるのは、どうも面白い考えだ。私はかねてから、将来国を富ますには貿易にかぎると信じている。その貿易商人にするとは、まことに立派なお考えだ。よろしい、骨を折って見ましょう[8]」と言って引き受けてくれた。

西洋馬具を作る

その後、幕府の軍隊が洋式化されるのに伴い、市太郎は西洋鞍の製造を依頼されるようになる。とはいえ、そんな鞍を作ったことがないのだから、まずはその製造方法を身につけなくてはならない。それを教えてくれたのは、フランス人のデシャルム中尉だった。市太郎は、この騎兵隊教官にすっかりほれこむようになる。中尉が来日したのは、三兵伝習所で軍事訓練を指導するためだった。

日本で最初の洋式陸軍の調練場、三兵伝習所が作られたのは、一八六六年（慶応二年）

のことである。幕府はフランスの公使に勧められて、外国からの脅威に立ち向かうことにしたのである。三兵伝習所という名称は、歩兵、砲兵、騎兵の三兵を訓練することからきている。幕府は、軍事訓練の実施のために、フランスから軍事顧問団を招聘した。その一員にデシャルムがいたのである。市太郎は、土佐山内家の家臣深尾政五郎からデシャルムを紹介され、西洋鞍の製造方法を習うことになる。

デシャルムは、武器は自国で作るべきだという持論を持っていた。ある日、騎兵指図役の深尾にこう言ったそうである。「軍装武器は必ず自分の国で作らなければならない。日本の政府は兵隊の訓練ばかりしていて、機械の必要なことを知らない。武器はぜひとも自分の国で作ることにしなければならない[9]」。

深尾はなるほどと思い、板垣退助にこの話をした。すると、板垣は、「さしあたり、馬の鞍を改良しなければならないが、政府はいろいろなことに追われて、懐具合が苦しい。誰か愛国という立場から、この仕事をやってくれる人はいないだろうか」と言って、市太郎に相談を持ちかけたのである。市太郎は、二つ返事で板垣の依頼を引き受ける。

デシャルムは、フランスで軍用として使用されている鞍の製造方法を丁寧に教えてくれた。市太郎が製作した鞍は日本で最初の西洋鞍ということで、実物が靖国神社遊就館に所蔵されていたようだが、筆者が調査したところ、残念ながら現在は行方不明だった。しか

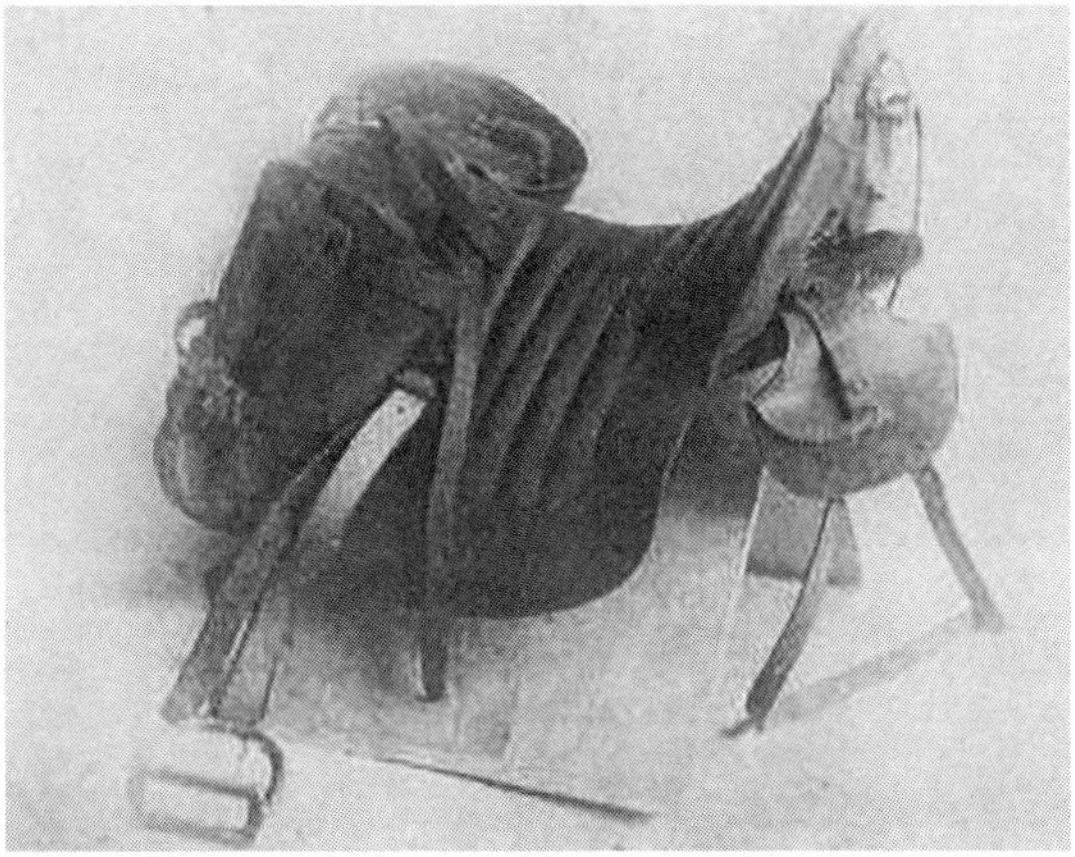

初の日本製西洋鞍　1868年（明治元年）

し、慶應義塾の小幡篤次郎が記した「仏人デシャルム氏の帰欧に際し製鞍伝授の感謝状」という史料の写真が残っている[10]。そこにはデシャルムが、市太郎に手取り足取り伝授した様子が記されている。筆者が面白いと思ったのは、デシャルムの人柄に感銘を受けた市太郎が、自分の個人的な感動までデシャルムに伝えていたところである。

市太郎は、「異邦の人にして、忠愛の念を持ち、公務の際の煩労をいとわず」伝授してくれたことに感涙している。自分は「心裏恋々慕いて止むことがない」とまで言っている。市太郎の直裁で情感溢れる気持ちは、デシャルムに深い印象を与えたに違いない。

実は、それから約二十年後に市太郎は、豊と共にフランスに行き、サンティチェンヌでデシャルムに再会し、歓待される。それは、馬具製造の仕事の上での付き合いだけでなく、二人の間に人間的で個人的な交流があったからなのである。デシャルムとの出会いが、市太郎が後年ヒューマニズムに目覚める原点だったのかもしれない。

市太郎が製造した鞍は、デシャルムからも政府からも喝采を浴びるほどの出来栄えだった。それらの馬具は、加賀藩や土佐藩の旗本たちに納められた。さらに、徳川慶喜公が上洛の際には、洋式馬具一式を十二組作り、これを御用船に積んで神戸へ送った。しかし、船が港に着いたときには、鳥羽伏見の戦い（慶応四年）で幕府軍は敗退していた。そのため、荷物は勝利を収めた薩摩と長州の討幕軍に没収されてしまった。フランス軍事顧問団は幕府の政変を知り、急いで帰国してしまった。

鳥羽伏見の戦いから戊辰戦争が始まり、旧幕府軍と新政府軍の衝突は続く。新政府軍は、東海、東山、北陸の三道から旧幕府軍に追い討ちをかけることになった。その間、江戸は無政府状態になり、諸大名は家族を国元へ送り帰した。江戸は戦争になるから家財道具は売り払ってしまおうということになった。蒔絵の硯箱や紫檀の違い棚が日本橋の大通りで法外な安値で売り出されていた。戦いが激しくなると、江戸はまるで闇で、泥棒が勝手次第にはびこる物騒な世の中になった。浪人や貧乏人は町人の物を分捕るというありさまで、町人はみな震え上がった。

　東山道の急先鋒は土佐軍の総督府参謀、板垣退助だった。春から始まった戦争は長引き、秋までかかると予想された。八月に入って、板垣から市太郎のところに伝言が届いた。「官軍はだんだん勝利を得て、もう白河を越えて進んだが、もし冬になってから、若松城を攻めることになったら、おそらく苦戦になるだろう。兵士たちに与える衣服、靴、弾薬などを手に入れる方法がない。森村はどうしたか、この困難なときに、早く官軍の急場を救ってもらいたい」[11]という要請だった。

　さっそく市太郎は、弾薬、小銃などの軍需品と衣類を調達し、雇った者たちにかつがせ、戦火の中を会津まで出かけて行った。毎日十五里（約六十キロ）を徒歩で行く強行軍の上に、たびたび危険な目に遭った。江戸から運んできた物資を官軍に無事渡した頃、ようやく戦争が終結するきざしが見えてきた。市太郎が後方支援を果たし、やっとのことで江戸に戻るとまもなく会津若松城落城の知らせが届いた。

　戊辰戦争のあと、市太郎はいくらかの元手ができたので、何か事業をやってみたいと思った。土佐の知人がこう言った。「貴下はかねがね国家の利益になる商売をしたいという望みだから、生糸商売をやってみたらどうだろう」。

　市太郎はなるほどうまい考えだと思った。明治政府は殖産興業を奨励し、農民に自立を促していた。時流に乗るのは巧みな市太郎である。さっそく、大阪城の広い土地を借りてたくさんのクワを植え付けた。農業を始めてみたが、何分経験のないことなので、この事業は無残にも失敗してしまい、そのために少なからず負債を背負い込むことになった。

　それから二年、北海道の漁業が盛んになってきていたが、漁師は資金を調達することに苦心していると伝え聞いた。そこで彼らの網を抵当にして資金を貸し付けてはどうだろうかと思った。市太郎は弟の銀次郎（明治五年死去）を連れて北海道へ渡った。当時の小樽は寒村でわずか三十五軒の家しかなかった。そこで漁師の網元になって資金を融通してやった。しかし、貸した金はなかなか約束通りに返金されず、さりとて、網を没収することもできず、結局貸し倒れになってしまった。

　四国で製塩業に手をつけたり、銅山に投資したりした。全国縦断の活躍をしたように見えるが、事業はいずれも失敗に終わった。

　しかし、これらの失敗が大きな転機になる。慣れない事業に手を染めたために大損をし、借財で首が回らなくなった。市太郎は債権者を集めて、取引帳を見せて正直に自分の愚かさを認め、一生懸命働いて負債は必ず返すと約束した。

失敗から学ぶことは大きい。市太郎は、国家のために自分の一身を捧げるという熱烈な精神がなかったことに気が付いた。この仕事で一儲けしてみようと思ったのである。動機が浅はかだった。失敗を転じて前向きに立ち上がろうとする市太郎を見て、債権者たちは責め立てることもできず、時機を待つことにした。自分の無謀を反省し、言い訳をしない市太郎の姿勢が債権者の共感を得たのであった。「誠実」と「勤勉」こそが、森村家の成功への鍵ということを市太郎は身をもって体得した。

市太郎の経営哲学

明治維新のとき、市太郎はすでに三十歳、戊辰戦争で儲けた金もすっかり水泡に帰したあと、自らの行動を反省し、やはり誠意を持って働くしかないと思った。家業の馬具商は幕末に西洋鞍の製造にシフトしたが、それも束の間で再び銀座に戻っていた。

一八七〇年（明治三年）、山縣有朋がヨーロッパから帰国すると、政府は陸軍の制度を改正することにした。そのために、新たにフランスから数名の陸軍教師が招聘された。その一人として再来日したのがデシャルム中尉だった。突然、市太郎は政府から便宜供与の命令を受けた。市太郎の「誠意」があり、「勤勉」な仕事への打ち込みを知っていたデシャルムが、彼を指名するように政府に掛け合ってくれたのである。

市太郎は、再び洋式馬具を製造する機会を得る。今度は重騎兵の馬具を習う。そこで銀座四丁目一番地の店を森村革店にし、この仕事に積極的に取り組んだ。政府が大量に注文してくれたため、二、三百人の職人を使うほど繁昌した。そのため今までの借財をすべて返済し、さらに、将来のために幾らかの資金を蓄えることができた。

ところが、陸軍省は自前の鞍工所を作ることになり、市太郎は製作責任者として協力してほしいと言われた。政府と共同で事業をすることがいかに難しいか、市太郎は、過去の経験からよく知っていた。政府が率先して軍事を行うというのであれば、「宜しい、それはいいことだ」と思い、市太郎は、躊躇せずに自分が育てた働き手と工具をすべて政府に差し出し、この事業から身を引いてしまった。

時代の流れは大きく変わり、熨斗目《のしめ》や裃が廃止になり、服装は簡単になった。時代を先取りすることは市太郎が得意とするところで、翌年、銀座四丁目一番地に裁縫店を開業した。洋装の生地やボタン、裁縫用の工具、ミシンなどを横浜で仕入れ、新たに工員を雇ってアトリエを始めたのである。モリムラ・テーラーという名前で、「日本における洋服裁縫店の嚆矢《こうし》」と言われている。洋服が大流行だったから、裁縫店は活気があった。当時の日刊紙に連日森村裁縫店の広告が掲載されていることからもそれがわかる。主に大礼服を作っていたようで、東京の静嘉堂文庫美術館には岩崎彌之助（一八五一－一九〇八）が着用した「有識者（男爵）大礼服」が所蔵されている。明治三十年製作のもので、襟元にMORIMURA TOKIOというタグが付いている。[12] 市太郎の新しがり屋の一面がここにもうかがわれる。

市太郎は「失敗は成功の母」であると言っている。馬具製造もモリムラ・テーラーもそれなりに繁昌したのは、彼の経営方針が「誠意」を持って、「勤勉」に働くことだったからである。しかし、それだけではない。さらに、「忍耐」が必要なのである。彼は『実業之日本』（明治三十九年七月一日号）の中で次のように言っている。

「人間の運命というものは長いハシゴを昇るようなものである。何らかの手違いのためにハシゴ段を踏み外すことがあっても、根気よく昇ればついには頂上まで昇ることができるのである。一段踏み外したというのでたちまち意気阻喪してしまうような者は、とうてい成功の彼岸に達することができない。ハシゴ段の数は事業の大小に伴うもので、大事業になると人間一代で昇りつくせないほど多くの段を持っているから、我々は一代の間に昇り尽くせるだけ根気よく昇って、他の残った段はこれを子孫の昇り尽くすに任せておかなければならぬ。何ごとも根気である、忍耐である[13]」。

この考えはおそらく先祖代々の家訓だったのだろう。父親の五代目市左衛門は養子に入ってから、コツコツと袋物を作っていた。男だったが針仕事が得意だったに違いない。市太郎は横浜でミシンを入手して、父親の袋物作りに機械を役立たせようと思った。ミシンは手仕事とは違う技巧的な工作ができ、しかも能率的である。上糸と下糸の引き具合を加減するときれいな縫い目が出来上がる。機械の仕組みを理解すると、うまくいかないところを論理的に改良する方法がわかるから、どんどんやってみる。すると今度は思い通りに仕上がる。そういう試行錯誤を繰り返し、論理に従って確実に実行する。それが市太郎のやり方だった。

横浜で紳士服の上下を仕入れてきた。縫い目を丁寧にほどき、各部をバラバラに分解してみた。呉服は反物を直線に切り離して縫い合わせるが、洋服は全く違っていた。型紙と布地のバイヤスを利用して立体的な身体の形に合わせなければならない。きちんとフィットするまで何度も試行錯誤を行う。それには根気と忍耐が要る。市太郎はそういうモノ作りに喜びを感じた。こうして「誠実」「勤勉」「忍耐」が、彼の経営哲学になったのである。

若宮卯之助の観察

市太郎の行動と性行を真摯な目で観察した人がいる。若宮卯之助という人で、『森村翁言行録』（昭和四年）という本を出版した。彼は、その本の中で、市太郎の新しがり屋の側面だけでなく、工夫と努力を重ねて新たなアイディアを生み出す能力に言及している。若宮によると、市太郎は発想が豊かで、自発的に新しいものに引き込まれていく。

> 文久二年の当時に、翁〔市太郎〕が横浜において写真を撮っているのを見ると、そのハイカラぶりが如何に熾烈であったか推想される。長い歴史があり、威力があった国粋的なチョンマゲを、ぷっつりと切り落とした点においても、翁は進歩主義者の一人であった。翁は唐物屋（舶来雑貨屋）として、横浜で仕入れた舶来品を盛大に商っていたのである。翁が後に明治初年における洋服屋の元祖となったように、洋品雑貨の唐物屋としても翁は江戸における元祖であった。若し翁の商業的興味が単に日本において洋品を商うという程度に止まったならば、翁の性格に及ぼした外国的影響は、それほど著しくはなかったであろう。

確かに横浜で舶来品を買い求め、江戸で売る商人は多かった。新しがり屋はいくらでもいたが、単に高価に売れ、儲かればよいというくらいに考えていた。市太郎はそれだけでは気が済まない。自分が買い求めたものを工夫して、新しいものを創出することに喜びを感じていた。横浜で西洋馬具を買っていたのが、自分で製造するようになった。洋服を売買するだけでは気が済まなくなり、自分でミシンを踏み、工夫して日本人の体形に合うように大礼服を裁断製造した。

翁はさらに進んで外国へ乗り出そうというのである。外商の手から海外へ流れ出た財貨を貿易の力によって、取り戻そうというのである。当時、この大願はむしろ無謀と呼ばれるほど可能性を欠いていた。これは実に商戦上の単騎遠征の志願である。しかり、一種の夢物語に近いものであった。

若宮は夢物語と言っているが、市太郎は夢など見ていない。自分が置かれている立場を真剣に考え、行動に移すチャンスをうかがっていた。

他人が何と言おうと、当時の知識が何であろうと、外国貿易の性質が何であろうと、国際為替の手続がどうであろうと、国外にさらわれた国の宝を貿易の力で必ず取り返して見せるという翁の初一念は、不動山の如く、その性格の根底に横たわっていたのである。[14]

と言って、若宮は市太郎の進歩主義を賞賛している。商人が外国へ出かけて行き、貿易を行い、日本の宝を取り返すということは、国内では想像だにしないことだった。しかし市太郎は信念の男だった。覚悟ができていた。土佐藩や中津藩に出入りをしていたことから、ものの捉え方が志士的であり、タイミングをうまく捉えて決断する。見通しが立つまでは手を出さないが、真理にかなった筋道が見えたときに行動に移すのである。そこに彼の実行力があった。

この若宮の著作は、今日までの森村組研究の底本になっているので、この本がどのようにしてできたかを紹介しておきたい。

若宮は、明治末期にアメリカで放浪生活を送り、帰国後、新聞『日本』で健筆を振るった社会学者である。一九二〇年（大正九年）、市左衛門（市太郎）の死後、息子の森村開作から伝記編纂の仕事を依頼され、『森村翁言行録』を書き上げる。その「序」の中で次のように言っている。

この伝記は、千思万考した上で「言行録」という形式をとることになった。その理由は単なる事業家と言うには市左衛門の性格が「あまりに精神的であり、特にその晩年の態度がいかにも預言者的であり、翁の面目を伝えるにあたり、翁自身の説話を等閑に付することが絶対に出来ない[15]」と考えたからだそうだ。市左衛門の言行を中心に据え、その根拠となる史料をはさみ、底流にある彼の思想を読者に理解してもらえるように構成されている。豊について書かれた本ではないが、実際に交わされた豊との対話や、豊から聞いた話がたびたび出てくる。

若宮は市左衛門の言行を集め、それを彼なりの見解で集約し、十二巻からなる膨大な書物にする予定であった。ところが、草稿を書き上げたところで、開作に随行して一年間外遊することになった。帰国後すぐに作業を再開する予定であったが、運悪く関東大震災が起こり、言行録の草稿は、原資料と共に烏有《うゆう》に帰してしまった。そこで、わずかに残っていた資料を柱に、記憶に頼って書かれたものが『森村翁言行録』である。本書で取り上げる豊と市太郎のエピソードの多くはこの著作に依拠していることを付け加えておこう。

市太郎の経営哲学はもちろん、これまでの経験から生まれている。事業の失敗から学んだ「誠実」と、それでもなお試行錯誤を繰り返す「忍耐」と、そしてまだ見ぬ未来に対しての「希望」である。この三点が海外貿易という大きな野望を実現する機動力になったのである。

豊、慶應義塾に学ぶ

さて、話を豊に戻そう。慶應義塾に入ったのは、一八七一年（明治四年）である。塾は一八五八年（安政五年）、築地鉄砲州（現在の中央区明石町）の中津藩中屋敷内に蘭学の私塾として始まるが、豊が入ったときは、すでに三田に移転していた。

慶應義塾の図書館には「慶應義塾入社帳[16]」が保存されている。そこには文久三年から明治三十四年までの入塾者約二万人の情報が記載されている。森村豊の頁には、「本人姓名、森村豊吉、東京府出身、身分町人、市左衛門倅、宿所南伝馬町三丁目、年齢十八歳、入社日、未歳八月三日、保証人小幡甚三郎」と書かれている。明治四年度の入塾者は三百七十三人で、ほとんどが士族、そのうち町人は七人しかいなかった。

塾での教育は「独立自尊」を基本方針とし、実学の精神が重んじられた。学問するのは、単なる知識に終わらせず、ものごとの本質、理念、仕組みを理解して体得するためだった。

豊が履修した学科は脩心《しゅうしん》論〔ヘボン著の心学〕、経済、歴史、地理、窮理《きゅうり》、算術、文典の七科目だったようである。これらの教科書はアメリカからとりよせたハイスクール程度のもので、従って原文で読んだらしい。指導した教師は、福澤を筆頭に鉄砲州時代に慶應義塾で学んだ人たちだった。

学習の方法は、講義、会読、素読の三形式になっている[17]。まず英語入門の手ほどきを受け、次に文法を学ぶ。三ヵ月経つと、今度は地理書か窮理書を六ヵ月かけて読む。最後の六ヵ月には歴史書を一冊読む。以上が普通コースである。このコースを終えれば、字引を使って洋書を読むことができるようになる。理解できないところは先輩に尋ねればよい。こうやって数冊読むうちに、大方の意味が理解できるようになる。

つぎは独学の自習課程で、このコースは、一人ひとりが自分の能力に合わせて選択する。「独見も出来、翻訳も出来、教授も出来、次第に学問の上達するに従い、学問は六ッかしくなるものにて、真に成学したる者とては慶應義塾中一人もなし、恐らくは日本国中にも洋学既に成れりといふ人物はあるまじく、ただ深浅の別あるのみ[18]」とのことだから、どのくらい成果が上がるかは本人のやる気次第だったのだろう。豊は学僕として費やした時間を取り返そうと必死に勉強した。およそ無駄というものが嫌いだった彼の性格は、この頃養われたに違いない。

福澤の講義は、ウェーランドの経済書を教科書にして行われた。単に原書の意味を解明するだけにとどまらず、その所論を時勢にあてはめ、世間の実例に照らして説明がなされたので、豊にとっては丁稚奉公とは違う実業を理論的に学ぶ面白さがあった。講義の間には福澤の意見もおのずからうかがうことができた。アクションを起こす前に、どんな可能性があるかを精査し、選択する理由を説明し、結論を導くという西洋式の考え方が養われるのである。ここで習得したことがニューヨークで大いに役に立ったことを考えると、慶應義塾での三年間は豊の大きな財産になっている。

慶應義塾の月謝は当時四円（現在の八万円位）だった。[19] 市太郎は、この金額を毎月捻出するのに苦労した。しかし、豊の勉強ぶりを見て、大いに喜んだ。豊は、いずれの学科も優秀な成績を収めたらしい。

森村組を創立する

豊は、一八七四年（明治七年）に慶應義塾を卒業し、しばらく慶應の助教になって、洋行の機会をうかがっていた。そんなとき、すでにアメリカに渡り、事業を始めていた佐藤百《もも》太郎《たろう》（一八五三－一九一〇）という青年が一時帰国をした。この青年が豊に渡米の機会を作ってくれたのである。

佐藤百太郎は、順天堂の佐藤尚中の子息である。一八六七年（慶応三年）、十四歳のときに渡米し、当初サンフランシスコの日本茶・日本雑貨を売る「米人の店」で働いていた。

その後ニューヨークに移り、ブルックリンのポリテクニック・ユニヴァーシティ[20]で学び、一八七五年（明治八年）に自分の会社「日本米国用達社[21]」をマンハッタンに設立した。当時の留学生は勉学を終えると日本に帰国し、留学で得た専門知識を活かして日本の近代化に貢献するのが普通であった。ところが佐藤は、アメリカに定住し、日米貿易を始めようと思っていたのである。その準備のために彼は一時帰国したのであった。

佐藤の目的は、明治政府の勧商局とコンタクトを取り、政府の助力を得て、貿易の振興を図ることだった。勧商局は日本が商権を奪回するために直輸出を始めることを奨励していた。佐藤は、アメリカに再渡航するに当たり、「米国商法実習生」を募集してアメリカに連れて行き、その人たちに彼がニューヨークに設立した「日本米国用達社」で実習させようと思っていたのだった。

市太郎のところに、福澤の門弟の小幡篤次郎が先生からの伝言を持ってやってきた。「お前の弟をアメリカに遣わしてはどうだろうか。今度貿易の基礎を作るために、書生を送って、商売のことを見習わせたいと思う」という話だった。アメリカに人を送るには、五百円か千円要るだろう、そんな大金を遣うことはできないと思った。しかし再三勧められたので、費用などを調べてみると、船中の寝台の下や甲板の隅などに寝転ぶような方法であれば、ニューヨークまで二百何十円かで行けることがわかった。市太郎はついに奮起して、豊を渡米させることにする。銀座のモリムラ・テーラーの二階の一部を事務室にして、二人は資本金三千円で森村組を設立した。[22]

森村組設立に関して、前掲の若宮卯之助は市太郎の直覚力によるところが大きいと言っている。このとき市太郎はすでに三十七歳、度重なる不幸の連鎖を経験し、世の中の興亡盛衰の道理がわかっていたのだろう。彼には独特の勇気があった。必死になると霊妙な知恵が湧き出るのだ。度々陥った不幸のどん底で磨いてきた市太郎特有の能力だった。[23]

ニューヨークへ旅立つ

佐藤百太郎が企てた「米国商法実習生」に選ばれたのは、森村豊の他四人の若者たちだった。生糸輸出を目論む新井領一郎、丸善店員として薬品、雑貨の輸出を目指す鈴木東一郎、日本の美術品の販売を三井組（旧三井物産）から依頼された伊達忠七、茶の輸出を考えている増田林三郎である。この六人の若者が、乗船した船の名前からとって、後にオーシャニック・グループ[24]と呼ばれ、実業を目的としてニューヨークへ渡った最初の日本人たちと考えられている。しかし、佐藤、新井、豊だけが現地に残り、他の三人はまもなく帰国してしまった。

さて、豊の洋行の準備が整った。出発前に家族で撮った写真が残っている。写真の豊は、市太郎の古着で縫製した洋服上下とチョッキを身に着け、ネクタイをしめている。革の靴を履き、手には山高帽を持っている。一八七六年（明治九年）三月十日、横浜から船出したのである。

外務省には出国記録が残っていた[25]。それによると、渡航の目的は商法学研究、滞在年限は五ヵ年、帰朝予定は空欄である。豊の渡航免状が発給されたのは二月二十四日、出国記録は米国一八三四号だった。ということは、日本人の海外渡航は一八六六年（慶応二年）から許可され、すでに十年経過しているが、アメリカへ行く人の数はまだ限られていたことを意味しているのだろう。その当時のニューヨーク在住者は百人余りで、主に領事館、日本政府から派遣されている商人と学生、つまり大半が公費出張者または官費留学生であった。

オーシャニック号は横浜―サンフランシスコ間を十七日かけて航海した。定員は上等船客四十一名、下等船客八百七十六名、それに乗組員百三十名で、豊たちが乗った下等の客室は船窓もなく、就寝にはハンモックを使った。大方の乗客は香港から乗船した年季契約移民で、中国からアメリカに向かう労働者などであった。

一行がサンフランシスコに上陸し、大陸横断鉄道を乗り継いでニューヨークに到着したときのアメリカはまだ開拓時代で、ニューヨークですら摩天楼の都市ではなかった。同行した新井領一郎は、上陸したサンフランシスコの第一印象を「市街の壮観さ、馬車が頻繁に往来している有様、その他都市としてのたたずまいなどには驚かされたが、市中いずこも馬糞のにおいが漂っているのは東京では思いもよらないことである[26]」と家族に報告している。

豊ら六人は七年前に全線開通した大陸横断鉄道に乗り、「二千マイルほど続く砂漠のようなところを通り、褐色の草と先住民を窓越しに見ながらセントルイスに着いた[27]」。そこから、インディアナポリス、コロンバス、ピッツバーグ、フィラデルフィアを経て、ようやく四月十日にニューヨークに到着する。

ニューヨークの印象としては、「ビルディングなどには感服させられたが、まだ新開地であるために、不完全なところも残されており、自分はまだ見たことがないが、話に聞くロンドンやパリに比べると劣っていると思われる[28]」と、新井は兄への手紙で述べている。

当時のニューヨークは五階建てが一番高い建物で、鉄道馬車が走り、薄暗い照明はガス灯であった。

彼らが見た市街の様子はさておき、十九世紀後半のニューヨークは、港湾都市という地の利を生かして、物流の拠点になっていた。ニューイングランドと中西部の中間に位置し、交通網、特に鉄道と運河が完成すると、東西貿易の要所になる。さらにヨーロッパ、中南米、東アジアからの移民が増加し、多様性に富んだ都市になっていた。豊らが商業活動を始めるには恰好のタイミングである。ニューヨークには、世界各国からやってきた卸売業者と小売業者がひしめき、これから世紀末まで、質的にも量的にも大変貌を遂げるのである。

後注

(1) 森村市左衛門述『獨立自營』(明治経営名著作集完全復刻版) 二二九頁　ダイヤモンド社　一九七八年
(2) 若宮卯之助『森村翁言行録』口絵の解説　ダイヤモンド社　一九二九年
(3) 同掲書　六七頁
(4)『森村翁言行録　改訂版』七五―七六頁　森村豊明会　一九六九年
(5) 同掲書　八二頁
(6)『㊍之礎』新訂版　九頁　森村豊明会　一九九八年

（7）同掲書　一三頁

（8）森村市左衛門述　井上泰岳編『獨立自營』六〇頁　実業之日本社　一九一二年

（9）『森村翁言行録　改訂版』八五頁

（10）同掲書　口絵

（11）同掲書　九六頁

（12）今給黎佳菜氏の調査による。「歴史コラム『森村組の源流モリムラ・テーラー』」『もりむら２０１４　Spring No.36.』所収
四頁　森村商事　二〇一四年

（13）森村市左衛門『儲けんと思わば天に貸せ』二二頁　社会思想社　一九九九年

（14）『森村翁言行録　改訂版』三六頁

（15）同掲書　五頁

（16）福澤研究センター編『慶應義塾入社帳』全六巻＋索引　慶應義塾　一九八六年

（17）『慶應義塾百年史』上巻　二八二―二八三頁　慶應義塾　一九五八年

（18）同掲書　二八七頁

（19）『㊍之礎』新訂版　一五頁

（20）阪田安雄編『国際ビジネスマンの誕生』一一一頁　東京堂出版　二〇〇九年

（21）阪田安雄他編『日米生糸貿易史料』六二頁　近藤出版社　一九八七年

（22）『森村翁言行録　改訂版』一一二頁

（23）同掲書　一二頁

（24）名付けたのはスコット・ミヤカワ氏で、この時期の詳細は彼の論文によるところが大きい。

（25）外務省外交史料館所蔵「海外行免状表」第一巻　米国編　分類番号3・8・5・68

（26）阪田安雄『明治日米貿易事始―直輸の志士・新井領一郎とその時代』二八頁　東京堂出版　一九九六年

（27）『日米生糸貿易史料』二二七頁

（28）『明治日米貿易事始―直輸の志士・新井領一郎とその時代』二八頁

第二章

モリムラ・ブラザーズを創立する

イーストマン・ビジネスカレッジの商業教育

オーシャニック号の一行は、ニューヨークに着いて、東五十一丁目、五百四十九番地のブロンソン医師宅の三階に落ち着いた。家賃は一ヵ月二十ドルであったという[1]。豊は、さっそく福澤の紹介状を持って、日本領事館に富田鉄之助領事を訪ねた。会話と商業技術習得のために、適当な学校を推薦してもらいたいと頼んだ。その結果、六月からニューヨーク州ポキプシーのイーストマン・ビジネスカレッジ[2]に通うことになった。

豊は、おそらくイーストマン・ビジネスカレッジで学んだ最初の日本人であろう。この学校は、ブライアント・ストラットン・アンド・ホイットニー・ビジネスカレッジと並んで、十九世紀後半にアメリカで商業教育をする学校としては最大規模の機関であったらしい。その特徴を豊から聞いた市太郎は、次のように語っている。

〔イーストマンには〕商業に関するいろいろな設備が施されていて、わずか六ヶ月の間に生徒を立派な商人に仕上げてしまう。一例をあげると、学生は入学の時、金十円を出して学校内だけに通用する紙幣を金千円に交換してもらい、それを資本として生徒同士で互いに取引を行っている。校内には、毎日世界各地の物価表が掲示される。学生は、教師から教えられた商業地理や各国税率を仔細に研究した上で、互いに思わくを付け、甲を日本人、乙を英国人というように定めて、一定の物品の取引をやる。もし思わく通り期日までに物価が上れば、甲か乙かの何れかが儲け、何れかが損をする。その都度例の学校紙幣を払ったり受取ったりする。[3]

市太郎は単に書物を読ませ、講義を聴くだけではないところを高く評価している。ここでは、すべての授業が個人対個人で行われ、コースは概ね、三つのセクションに分けられていた。第一セクションは入門コースで、書法、数学、習字と簿記の原理を理論的に教わり、成績の良かった生徒のみ、第二セクションに進むことができる。このセクションは初級ビジネスコースで、理論ではなく実践を学ぶ。ここから模擬実践が行われ、生徒は小切手を持ち、利子の計算、株や証券の売買などを行う。これにパスすれば、最後のセクションの上級ビジネスコースに進むことができ、学生は自分が行いたい取引に自由にその資金を投入することができる。この学校で使用される模擬紙幣は本物に近く、模擬郵便局では模擬切手を売っており、船荷証券などに使う模擬の収入印紙も販売していた。さらにイーストマン銀行が、このカレッジの中央にあり、融資も受けられた。このように、入学前には全く知らなかった、ビジネスの実践的な知識を豊富に持って卒業する仕組みになっている[4]。

豊が勉強した三ヵ月コースは、授業料、食事代、部屋代、教科書その他すべてを含めて百ドル[5]であったらしい。この頃のドル・円交換レートは、一ドルが一円前後だったようなので、この三ヵ月間の経費は、百円前後であったと思われる。新井領一郎の日記には、ニューヨークの下宿代は、食費を含めて二週間で十二ドル、とある。そのことから推測すると、イーストマンの授業料は一ヵ月十ドル、十円前後だったようだ。慶應義塾が一ヵ月四円だったことを考えると、アメリカの大学・専門学校は、その当時から月謝は高かったと言えるだろう。

市太郎は校長のイーストマンについて次のように話している。

　このイーストマンという人は、丁度福澤先生のような聡明で常識に富んだ人で、自分の学校の生徒に向ってもすべて実地に就いてこれを訓練したそうである。例えば、生徒がポケットをさぐって鉛筆を探していると直ちにこれを見とがめて、いやしくも商人となるべき者が自分の日常使用する物品の置場所を忘れるような事でどうする。使用品は、必ず入れ場所を定めておき、ナイフでも鉛筆でも使用したなら必ずその場所へ戻しておくようにすれば、いつ何時手をポケットに入れても必ず自分の要求する品物が要求する場所にある。そうでなくては到底立派な商人になれぬ、といって教えたそうである。舎弟も生来多少こういう性格の男であったが、その上、こういう厳格なる教育を受けて、すっかり文明商人の人格を作り上げたのであった。私の創業の第一の準備は、すなわち弟を文明の商人に仕立てて、米国で十分働きができるようにすることであったが、さいわいこの第一の準備は上述の如く至極順當に行った。〔中略〕舎弟は福澤先生に仕込んでもらった上に、又、かくの如き立派な教育家に教えられて、それによって立派な文明商人の修業を遂げたのは、彼の仕合せであったと同時に、又、わが森村組の幸福であった[6]。

イーストマンは、市太郎によると福澤諭吉と双璧をなすほど立派な教育者であり、人格者であったようである。「知的職業を望むのであれば、エール大学やハーバード大学がある。軍人になりたければ、陸軍士官学校や海軍士官学校がある。しかし金儲けをしたい人にとっては、私の学校以外にない[7]」と言っている。

ニューヨーク最大のデパートだったロード・アンド・テイラーには、このカレッジの卒業生が一度に十四、五人採用された。商人以外にも政治家、弁護士、医者などを輩出しており、時代に即した教養を得ることができた。特に地方都市でも市街の中心に大きなフロアを有する百貨店ができるようになると、小売店とは異なって、大量に流通するさまざまな商品を扱う「営業マン」という新種の技能習得者が必要とされた。貿易、商業、金融業の分野で成功したければ、「短期間に最小の支出で必要不可欠な知識を身につける[8]」必要があった。そのような野心を持つ人が集まるビジネススクールは豊の希望に合致していたと言えるだろう。

いよいよ雑貨店を開業する

イーストマン・ビジネスカレッジを卒業すると、豊は、すぐに雑貨商を開業する準備に取りかかった。ニューヨーク六番街二百五十八番地にオーシャニックの仲間と小さな店舗を借りたのである。佐藤、森村、伊達がそれぞれ千五百ドルずつ出資し、共同で「日の出商会」を設立したということである。この店は、フロント街にある佐藤の店の分店という位置づけであったようだ。市太郎の回想には「フロント街の店」という名称が度々出てくるが、それは、豊が販売する商品をフロント街気付で送り、卸店の形をとっていたためと思われる。

私〔市太郎〕は第一に弟を米国に出して、文明商人に必要な修業を積ませた。ところが、まもなく弟から荒方研究も済んだので、いよいよ商売を始めてみたいから、適当な商品を送ってもらいたいと言ってきた。そこで私は、草鞋穿きで東海道を幾度となく往来して、東京、横浜、名古屋、京都、大阪等で、骨董品や陶器、銅器及び団扇、提灯、人形の類を買い集めて、これを米国に送り出した。何しろ資本は少額であるから、紐育の方で、とても立派な店は借りられず、第六街に小店を借りてやっていたに過ぎない。故に当時の森村組は、弟の外に二人、内地では私一人、これを海外貿易などという立派な名をつけるのは、勿体ない位なものであった[9]。

この六番街二百五十八番地の店についての史料は、ほとんど残っていないが、新井が日本の家族に宛てた明治九年十二月二十一日付の手紙に次のような記載がある。「去月より六通り二百五十八番地に小売店を新た相開き候。〔中略〕此度社名を日之出と為し、社中の人員は佐藤、伊達、森村、橘、新井等なるべし[10]」とあり、店は共同で使用するが、それぞれの商品の売り上げによって、損益を分け合うことが取り決められている。雑貨の小売は三人の担当だったが、佐藤はフロント街の店とかけもちだったから多忙だった。伊達は三井組から派遣という形の渡米だったため、東京に呼び戻され、開店と同時に帰国してしまった。腰を落ち着けて、手探りながらも販売に専念したのは豊一人だった。アパートへも帰らず店の中で寝泊まりしていたらしい。

豊は、市太郎が送ってきた雑貨類をクリスマスのプレゼント用に販売することにした。ニューヨークで商売をしていく上で重要なのは、アメリカ人がどのような品物を欲しがっているかを的確に察知し、日本から送ってきた商品を、欠損が出ないように売ることだった。開店した店では、物珍しさも手伝って商品が飛ぶように売れた。値段を気にする人もいなかった。三円で仕入れた花生けが三十ドル（約三十円）で売れるという具合で、大盛況であった[11]。運賃と税金とが元値と同じくらいかかっているが、それでも利益は莫大なものであった。

初めての売り上げが、半年遅れで市太郎の手元に届いた。「こんなに利益があるものを、なぜわが国民は外国に売らなかったのか」と市太郎は思った。明治初期の日本では、自立することが第一で、特に東京では食料を手に入れるために、かつての大名や旗本は体面や体裁を顧みず、家宝の骨董品や古物を次々に放出していた。国内で買い手がつかない代物もあった。そこで骨董品は潰し、金銀だけを地金として日本人同士で商売をしていたのだ。そういう骨董品をそのままアメリカに売り出せば、手間はかかるとしても売値は数倍になる、と市太郎は思った。実際、骨董品はアメリカで思いもよらないほど高く売れた。しかし、それは日本人がその価値を知らなかっただけで、ニューヨークでは妥当な値段だったのである。

東京の森村組

こうして豊は幸先よく商売を始めることができたが、他方、東京の市太郎も商品を求めて走り回らなければならなかった。市太郎が「内地では私一人」とこぼしている「海外貿易」に助っ人が必要になったのである。

一八七七年（明治十年）、市太郎と豊が設立した森村組に大倉孫兵衛（一八四三―一九二一）が参加することになった。この大倉と市太郎の関係が、森村組発展に大きく寄与することになるので、二人の出会いから説明しよう。

大倉と市太郎は幕末に横浜で出会っている。居留地で市太郎が唐物を物色している頃、大倉は外国人に錦絵を売っていたのである。市太郎が二十四歳、大倉が二十歳の頃のことである。

大倉家は代々四谷伝馬町（現新宿区四谷一丁目あたり）で萬屋という絵草紙屋を経営していた。錦絵というのは江戸時代から人気があった木版多色摺りの浮世絵である。大倉は美人画や風景画だけでなく、火事、地震、心中など江戸のニュースを題材にした版画を売っていた。週刊誌がなかった時代だから、大いに人気を博していた。

森村家と同様、大倉家も安政の大地震で丸焼けになった。大倉は兄の仕事を手伝い、江戸で売れ残った錦絵を、横浜に出かけて波止場で売っていたのである。大倉は市太郎と知り合い、言葉を交わすうちに意気投合し、兄弟のように付き合うようになった。その縁で市太郎の妹ふじを娶ることになり、二人は義兄弟になった。しかし、結婚して三年もたたないうちにふじは急死してしまう。

幕末にフランス軍事顧問団が幕府の要請で来日したとき、市太郎は、三兵伝習所に出入りして軽騎兵の鞍を作っていたことは、前章で述べた。大倉は市太郎の紹介で、さっそく三兵伝習所に出かけ、騎兵隊と歩兵隊の演習風景を題材にした錦絵を作っている。その一つは「騎兵体歩兵体大調練之図」という題で、神奈川県立歴史博物館に所蔵されている。二人が仕事を通じて協力し合ううちに、市太郎の外国貿易への並々ならぬ熱意を聞かされ、大倉も引き込まれていく。これまでの仕事は家族に任せ、市太郎と一緒に古物を探して東奔西走することになったのである。

市太郎は大倉の仕事ぶりに目を見はった。「もともと大倉さんは、ひじょうに根気の強い人で、やりだした仕事は、夜の二時になっても、三時になっても、始末してしまわなければ、決して休まない。その根気の強いことが、私にとって、たいへん大きな励ましとなった[12]」と言っている。

初期森村組幹部：（前列）市左衛門、
（後列左から）豊、広瀬実栄、大倉孫兵衛
1882年（明治15年）頃

市太郎と大倉は仕入れに奔走した。ニューヨークで豊が販売する陶器、銅器、団扇、提灯、人形などを探し回った。最大の課題は、アメリカ人の嗜好がどのようなものであるかを見極めることだった。この時代、海外からの情報がほとんどなかったわけで、アメリカで所望されるものを探ることは容易でなかった。豊から届く情報は、すぐに理解できるものばかりではない。ハンカチーフとかナプキンとか言われてもどんなものであるかわからなかった。豊は材質、寸法、用途などを細かく描写して探すように要求してきた。

幸いなことに一八七六年（明治九年）のフィラデルフィア万国博覧会以降、アメリカの上流階級の間ではジャポニズムの影響が広がり、日本趣味が流行していた。市太郎は横浜で西洋人と取引をしているとき、彼らが買い集めて国へ持って帰るものをよく見ていたので、日本の骨董品や伝統的な小物をアメリカに持って行けば、高く売れるだろうと考えていた。日本人が見向きもしなくなった古物は、銀座の中通でも二束三文で購入できた。しかし、運転資金が乏しくなると、古くからの友人である広瀬実栄（一八四四－一九二四）に働きかけ、自宅にあるものを供出してもらったりした。

広瀬家については冒頭で触れたが、先々代から森村家と親しい土佐藩の江戸留守居役で、森村組の後の発展に大きく貢献する一家である。広瀬実栄は板垣退助の盟友であった。維新後、日本橋箱崎町で旧土佐藩子弟を教育する海南私塾を経営していた。しかし、市太郎に誘われて森村組に参加することになる。羽織袴で京橋の森村組の荷捌場に出勤し、市太郎たちを驚かせた。荷作りする労働者が着物の裾をまくり、ねじり鉢巻きで作業しているところで、羽織に襷がけで商品の荷作りを手伝う広瀬の姿は滑稽だったのだろう。市太郎はたびたびそのことを回想している。

広瀬は士族の誉れ高い人格者として知れわたっていた。一八八五年（明治十八年）、森村組が神戸支店を作ったときに神戸支店長になり、新入社員はみな神戸に送られ、広瀬のもとで森村組の精神を叩き込まれた。この広瀬家と森村家、そして大倉家が枢軸となって、東京の森村組の骨格が出来上がる。一方、ニューヨークの豊は孤軍奮闘である。

ないないづくしの貿易事業

一八七〇年代は、日米貿易の揺籃期だった。オーシャニック・グループが直面した最大の障害は、貿易に不可欠なインフラがまだ何も整備されていなかったことである。『実業之日本』に、当時のことを振り返って、市太郎が書いている言葉がある。「運輸の利なく、銀行の便なく、通信の途《みち》も開けざれば、当時実際困苦の状、とても想像の及ばざる所なり」[13]。貿易を始めるためのインフラ整備を豊と市太郎は一つずつ解決していかなければならなかった。

たとえば、金融機関が未発達であったため、商品の売れ行きが上がっても、その収益をニューヨークから日本に送金するためには、厄介な送金手段を取らざるを得なかった。その頃の貨幣制度は、通用貨幣と金・銀貨や金銀地金などの「正金《しょうきん》」との兌換《だかん》を原則としていた。日米両国における本位貨幣は金貨で、通用貨幣は紙幣である。紙幣は額面の金額で正金と同額交換されることが原則となっていたが、通用貨幣と本位貨幣との比価は、物価水準に影響されて上下し、外国為替相場も常に変動していた。

雑貨の売上金は紙幣で、ニューヨークのモリムラ・ブラザーズに支払われていた。それを日本にどうやって送金したらよいだろうか。アメリカの銀行はまだ日本に設立されていない。直接送金することができないならば、横浜に支店があるイギリス系の銀行を通して送金するしかない。それにはまずドル紙幣を金貨に替えることが必要であった。

一八七六年（明治九年）には、紙幣百ドルが、金貨九十ドルのレートで兌換されていた。モリムラ・ブラザーズの初年度の売上金は約五万ドルであったが、この兌換率で計算すると金貨では四万五千ドルに相当する。つまり五千ドルの「損」をした計算になる。イギリス系の銀行を使うということは、ドルの売上金をまずポンドに、さらに横浜で日本円に交換するのである。あまりに手順が複雑で、損失が大きかった。

豊と市太郎は、解決策を模索した。ニューヨークの領事を通じて、本国の外務省と掛け合い、次のような一策を講じることになった。「国債局為替」と呼ばれるものを使うことにしたのである。

アメリカに駐在する政府官吏や、アメリカに派遣されている官費留学生の生活費などは、日本から送金されていた。それを現地に送金する代わりに、アメリカに直輸出された日本物産の売上金で賄うのである。ニューヨークの商店は、売上金を日本領事館に納める。領事館はそれに対して収納証を発行する。それを本国に送り、日本の荷主が管理官庁に提出し、日本円に換算した額を受け取るというものである。管轄官庁が、国債事務のほかに官吏の給料支払いなども扱っていたのでこのように呼ばれていた[14]。こうして売上代金の日本への送金は、当面この「国債局為替」でなされることになる。荷主は日本で受け取る際にいちいち国債局へ出向かなければならなかった。市太郎はまだ外務省での信用がなかったので、福澤諭吉が代わりに出向いてくれた。

送金方法の取り決めをするのでさえ、時間がかかる。手紙と電信という手段しかなかったからである。ニューヨークと東京との間の事務連絡は、一ヵ月に何度か太平洋を渡って行き来している「郵便船」に頼る以外に方法がなかった。投函した手紙は、すべてが順調でも先方に届くまで最低一ヵ月の時間が必要であった。鉄道でニューヨークからサンフランシスコに輸送され、それから郵便船で横浜に運ばれ、さらに飛脚で京橋の森村組に配達されるのである。それでも開国からわずか二十年、ここまで進歩したのは電撃的だった。明治政府のやみくもな対応が感じられる。

この頃、緊急連絡の手段として大西洋横断海底ケーブルが通じていたので、ヨーロッパ経由で電信を送ることは不可能ではなかったようだが、電文を暗号化するなど、手間がかかった。その上、伝言をローマ字化すると字数が多くなり、電信は高価なものになり、現実的ではなかった。何よりも話の内容が込み入っていて、電信で済ますことができるものは少なかった。結局、手紙に頼ることになる。新聞に掲載される太平洋航路定期便のサンフランシスコ出港日から逆算して、ニューヨーク郵便局の外国郵便受付締切に間に合うように手紙を書き終えなければならない。モリムラ・ブラザーズが取り扱っている商品のように、季節によって目新しさを必要とする場合には、お客のニーズに合わせた情報を、日本に最速で送る必要があった。特に、アメリカの年中行事に合わせて客寄せするために、時節に応じた商品を揃える必要があったからである。

初めはいろいろな雑貨を扱っていたが、そのうちに陶磁器が思いのほか顧客の反応がよいことがわかった。しかし、陶器は繊細で壊れやすい。その上、この時代の日本にはまだ積み荷の海上保険がなかった。近代の保険制度は、幕末に福澤諭吉によって紹介され、明治初頭より海上保険の研究や「海上請負」と呼ばれる荷主への貨物補償制度が検討されていた。東京海上保険会社（現東京海上日動火災保険株式会社）が設立されたのは一八七九年（明治十二年）で、船舶保険を利用することが可能になるのは一八八四年（明治十七年）である。

　保険がない時代に、壊れやすい物品を輸送するにはどうしたらよいだろうか。市太郎は腰に物差しをはさんで、商品一点一点の寸法を測りながら、最も効率のよい梱包方法を模索した。大倉は天秤で目方を量り、重量と運賃との関係を細かく検証し、最も経済的な方法で商品を木箱に詰めた。

　市太郎と大倉は、自ら大八車をひいて新橋駅まで荷物を運んだ。開通したばかりの鉄道で荷物は横浜駅に到着し、波止場で蒸気船に積まれ、ようやく国外へ輸送されるのである。そこには、森村組の家訓とも言える「誠心誠意を尽くす」姿勢が表れていた。明治中頃に、見本によるインポート・オーダー（約売）を始めたとき、納期に遅れず、見本とほとんど違わない商品が破損もなく顧客に届いたのは、まず出荷を完璧にし、輸送中の危険を最小限に抑えるという森村組のモットーが生きていたからである。これこそが顧客の絶大な信用を勝ち得るようになった理由である。このように「ないないづくし」を乗り越えることができたのは、ニューヨークの豊の現場主義に基づく聡明な着眼と、それに応えた市太郎と大倉の対応が的確だったからなのである。

モリムラ・ブラザーズとして独立

一八七八年（明治十一年）、骨董品や古物を商ってそれなりの成功を収めると、豊は独立して商売をすることに決めた。理由は、佐藤百太郎が多大な債務を負っていることがわかり、彼との協力体制に陰りがさし、将来に不安が生じたからである。

佐藤は、フロント街の店で、日本から輸入した茶、絹、陶器、漆器を売り、代わりにアメリカの機械や工業製品を日本に輸出することを計画していた。雑貨では豊と提携し、生糸販売では新井領一郎と共同で事業を立ち上げていた。佐藤は、楽天的なところがあり、理想で夢を膨らませ、次々と事業を拡大していった。しかし、豊の目には佐藤の事業の進め方が不穏に映る。帳簿を見れば、収益は思ったように上がらず、フロント街の店の経営は追い詰められていた。負債はどんどん膨らんでいった。やがてその状況はニューヨークのみならず日本にも伝わった。

銀座の佐藤の店には債権者が押しよせ、事情を説明するために彼は一時帰国を余儀なくされた。事態は豊と新井が想定した以上に逼迫していた。結局、佐藤は日本で借金返済の見込みが立たず、金策に走り回るが、ニューヨークの現場にはしばらく戻ってくることができなかった。

豊は、自分の立ち位置をしっかりと把握していた。佐藤と決別して新規に店舗を始めることを決断する。さっそく近所に立地条件の悪くない店を見つけ、周旋屋と交渉を始める。家主の老婦は、二十三歳の豊を見て、一瞬絶句した。あまりに「矮躯少年なりしかば、不安の念無きに非ざりしも、遂に承諾せり」[15]と、老婦の狼狽ぶりが、石井研堂の『明治事物起原』（明治四十一年出版）に記されている。身長五尺足らず、紅顔の美少年に商売ができるのだろうか。しかし、渾身の力を振りしぼり、商売は順調であり、収益が上がっていることを説明する豊の熱意が想像できる。

こうして新規に契約した六番街二百三十八番地の店に、「日の出商会―モリムラ・ブラザーズ」の看板を掲げて、日本雑貨の小売店を再スタートさせた。

正式に店の名前をモリムラ・ブラザーズ（Morimura Bros. & Co.）と変更するのは、一八八一年（明治十四年）五月からであるが、豊は兄との約束が待ちきれない思いからか、さっそく「日の出商会」を外した「モリムラ・ブラザーズ」だけのレターヘッドを作り、前年の一八八〇年（明治十三年）五月十三日に新井領一郎に手紙をしたためている（内容については後述）。以後、本書でもニューヨークの店名はモリムラ・ブラザーズを使うことにする。豊は販売一筋に不断の努力を重ね、寝る間も惜しんだ。彼が兄に書き送った一文が残っている。「下宿には泊まらず店の片隅の箱の中に藁を置き、ブランケットをかぶって寝入り、食事はパンや牛肉を買ってきて、ストーブで焼いて食べ、昼食にはりんごをかじる[16]」と書いてよこした。「しかし、リンゴを食べてしまうのが惜しいので半分は大事にとっておいた」という豊の手紙に、市太郎は「弟のこの時分の生活は実に今思い出すと胸が一杯になります」と後年語っている。豊と市太郎の連携はこのように兄弟ならではの相互理解の上に成り立っている。市太郎は豊から来る情報に絶対的な信頼を置き、豊もまた、兄の慈愛に満ちた励ましに瞼を熱くした。

当時のニューヨークでは、一八七三年（明治六年）頃から始まった不景気が常態化し、巷には失業者が溢れていた。なんとか首がつながっている労働者も景気後退の影響を受け、厳しい生活を余儀なくされていた。それにもかかわらず、東ヨーロッパやイタリアなどからの移民があとを絶たない。ニューヨークの人口は一八七〇年には九十四万人だったが、一八八〇年には百二十万人に膨れ上がっていた。

ニューヨークにいる中国人は三万人とも四万人とも言われていた。東洋人がいれば、中国人と思われるありさまだった。ニューヨークの人たちは中国人を蔑視していた。日本人の在留者は、日本領事館によると三、四百人と言われていた。そのうち実業についている者は二十人くらいである。

あるとき豊は病気になり、首に包帯を巻いて医者のところに出かけた。呼び鈴に応じて出てきた受付嬢は豊の顔を見るなりバタンとドアを閉めてしまった。中国人と思われたのか、豊は再びベルを押す勇気もなく、悄然《しょうぜん》として帰ってきたこともあった[17]。

フィラデルフィア万国博覧会の評判が広まっていたおかげで、都会では華やかな催しがあちこちで開かれていた。ニューヨーク六番街はお祭りムードが漂い、行き交う人びとも陽気で誇らしげな顔つきをしている。このあたりには失業者や路上生活者の影も見当たらない。東洋の珍しいものに魅せられ、懐具合を考える必要もなく、ファンシーで目新しい商品を買っていく裕福な市民が多かった。大半はオランダやアイルランドからやってきて、この土地の潜在的な可能性に魅せられて定住を決め、本国にいたときより豊かな生活を送っている人びとである。彼らは、繻子のドレスに身を包み、優雅に六番街まで馬車で乗りつけ、時間と金銭にはお構いなく買い物をした。そういうわけで豊には幸運だった。店頭に並べた異国趣味の商品は瞬く間に売れた。万国博覧会の効果は絶大だった。市太郎が送ってきた商品は大方売り切れ、博覧会で売れ残った物品も引き取って売り捌いたほどだった。

親友、新井領一郎

滞米二年余り、豊は仕事一筋の切り詰めた生活で、毎日昼間は店先で客相手に仕事をし、夜は日本から届いた梱包をほどいたり、帳簿をつけたり、東京の兄へ商品の依頼をしたりで、多忙を極めていた。それでも、日曜日に友人と連れだってセントラルパークを散歩するとか、碁を打ったりすることはあった。そういう余暇を共にしたのが、オーシャニック号で一緒に渡米した新井領一郎（一八五五－一九三九）だった。

新井領一郎をここで紹介しておきたい。彼は群馬県の豪農星野家に生まれた。実兄の星野長太郎は、私費で自宅の敷地内に水沼器械製糸所を設立している。群馬生糸を生産し、横浜の外商を通じて海外市場へ直輸出したいと思っていた。弟の領一郎は、生糸商の新井系作の養子になり、生糸取引の実業を学んでいた。同時に開成学校で英語を、東京商法講習所で西洋簿記を勉強していた。

新井は、群馬県令楫取素彦《かとりもとひこ》や前橋藩士速水堅曹《はやみけんそう》らの紹介で佐藤百太郎を知ることになる。

その結果、新井も「米国商法実習生」として、オーシャニック号に乗船する。こうして始まった新井と豊の友情は、豊が死ぬまで続いた。いや、新井家と森村家の友情は豊の死後も残された人びととの間で続くのである。さらに言えば、モリムラ・ブラザーズの成功も、新井の生糸販売の盛況も、片方なくしては実現し得なかっただろう。二人は、親友であり、兄弟のようであり、家族であったのである。

豊と新井は、日々の仕事を相談したり、故郷を思う気持ちを分かち合ったりした。日本とアメリカとに二人が離れているときはしばしば手紙を書いて、同僚の動静や仕事上での問題を忌憚なく話し合ったらしい。そのとき二人は英文で情報交換をしていた。それは英語を忘れないようにとの計らいだったのだろう。豊が書いた英文の手紙は四通残っている[18]。その一通は、一八七八年（明治十一年）、豊が初めて帰国したとき、ニューヨークに残った新井に送ったものである。

東京、一八七八年七月一三日

親愛なる友、新井君へ

五月二七日[19]付の貴君の手紙は六月二日に、また六月七日付の手紙は七月一〇日に落手、ありがとう。手紙を見て、貴君がすこぶる元気で、商売に忙殺されているのを知り、非常に嬉しく思った。貴君と同様、僕も佐藤君の婚約が破綻すれば、彼の将来のためによいことだと思っている……

　こちらでは、妻木君〔妻木頼黄《よりなか》―オーシャニック号に乗り合わせ、一時モリムラ・ブラザーズで働いた。後に建築家になる〕は工学寮の学生になり、増田君は三番町の漢学者〔二松学舎と推測される〕のところで個人教授を受けているそうだ。先日、彼に会って、「牛鍋屋」という料理屋に行き、熱燗を飲んだ。明日は例年通り両国橋の花火大会がある。

　豊は友人らの動静を伝えながら、両国橋の花火大会のことを思い浮かべている。実母茂登子が本所松坂町生まれだったので、母に連れられて実家近くの花火大会に度々行ったに違いない。母への思慕が新井への手紙に込められているのだろう。豊と八歳で死別した茂登子は心優しい女性だったようで、市太郎も継母のことを回想録に書き残している。

　市太郎が二十三歳のとき大病になったことがあった。そのとき継母は、義理ある息子のため自分の命に代えて、回復を祈った。その効果が表れて、一度は死んだようになった市太郎が生き返り、母はその後、病気になって亡くなってしまった。それを思うと、市太郎は涙が止まらなくなるのだ。「母の恩は、何にもたとえようがない[20]」と、言っている。人間の機微に触れることには市太郎も豊も敏感だった。

同じ手紙の中で、豊はニューヨークを行きかう同業者たちのことを話題にしている。

この手紙が君の手元に届く頃には君も一層繁忙を極めているだろう。橘〔成彦、佐藤商店の銀座本店長〕氏が佐藤君を東京に呼び戻すためにニューヨークに出かけたが、佐藤君の留守中フルトン街の彼の店も君が見なければならないのだろうから、忙しいだろう。

横浜の田代屋という店の人が日本商店をニューヨークで開くために橘氏と同じ船で出かけた。実際、日本の商品を売り捌いて収益を出すことは益々難しくなってきている。君も承知だろうが、生糸を除いては商売になる主だった商品は少ないし、僕自身もどんなものが売れるか、あるいはどんなものを作ったらいいかさえわからなくなってきた。君のやっている商売が、唯一アメリカと日本との間の安定した商売で、収益が上がる仕事と言えるだろう。僕もいつかは生糸事業をやってみたいと思っている……

豊にとって新井はかけがえのない親友だった。本来ならばライバルにもなりえたはずだが、自分の心の内を明かすことのできる友人になった。豊が渡米するときに市太郎は生糸の束を持たせている。しかし、サンフランシスコに着くまでに、新井と生糸とのかかわりを知って、豊は、生糸は彼に任せることにしたと兄に言っている。新井の生家が群馬で生糸製造を生業にしており、その業界にコネも多かったようなので、生糸輸出は彼に譲ろうと思ったのだろう。

豊はいつでも周囲の人への配慮を欠かさないところがあった。おそらく家族の中での出生順位によるもので、末っ子だから独断で物事を決めることはせず、まず周囲の人の顔色をうかがう。状況を納得すれば、無理に出しゃばることはしない。自分の分際をわきまえている。しかし自分が任されていることには徹底的に主張を通し、自ら決断を下す。

新井は生糸販売で売り上げを伸ばしていた。しかし、彼もまた佐藤と作っていたパートナーシップを解消することになる。すでに一八七七年度の決算で佐藤は六千ドルの赤字を計上していた。同じような悩みを抱えていた新井と豊は毎日のように会い、会話を交わしていた。

ニューヨークでの豊の生活は殺伐としたところもあったに違いない。そんなうるおいのない生活をしている豊の心の支えになったのが新井だった。新井に会えなかったときの豊は寂しい思いをしていた。たとえば、新井が日本へ発つと豊は頻繁に手紙を書いたり電報を送ったりしている。残念ながら、二人の日常の会話がどんなものだったかは記録に残っていないが、二人が交わした会話を想像できる英文の手紙がある。豊は日本へ帰る新井を見送ったあとの寂しさを次のような言葉で吐露している。

ニューヨーク、一八八〇年四月二二日

新井君へ

三月三〇日にグランドセントラルの停車場で別れてから、寂しくて貴君のことばかり考えている。まるで子供が母親から引き離されているときのように。しかし、旅行中に度々君が投函してくれた手紙から無事に行っていることがわかって安心した。

「寂しくて貴君のことばかり考えている」とあるように、豊はニューヨークで相当孤独な思いをしていたようだ。彼は、「まるで子供が母親から引き離されているときのように」とまで言っている。どれだけ新井が大事な存在だったかがわかる。女性の伴侶がいない豊にとって、新井は心の安らぎを与えてくれる唯一の人だった。

豊のここまでの生活は寂しいものだった。八歳で生母と死別し、丁稚奉公をしたあと十三歳から福澤英之助の学僕となり、さらに福澤先生の塾で外国貿易をするために辛抱してきたのである。おそらく、豊はこれからニューヨークでどんな人生を送るのか考えていたに違いない。在留日本人の中には、アメリカの女性と結婚する人もいた。しかし、どうやら豊は、家庭を日本に持ち、いずれは日本に戻るつもりだったようだ。ニューヨークはあくまで仕事の場であった。そこに骨を埋める町ではなかったのである。そのような孤独な生活の中で、友愛の対象になったのが新井だった。

この手紙の後半には、仕事のことが書かれている。どうも、豊は日本に帰る新井に、兄へのことづけを頼んだようである。新井は友人であるだけでなく、ときにはモリムラ・ブラザーズの業務を手伝うこともあったようだ。

ところで、十四丁目の店について当方が電信を送らなかったことについて君は二度も手紙をくれたが、君がサンフランシスコを去るまでにその件について報告できる状況ではなかったのだ、理解してくれたまえ。というのも先方は相変わらずで、今まで進展がない。今日になっても先方が決心したという返答は貰っていない。双方の同意が得られないまま、決裂するような気もする。

この部分だけではどんなことが問題になっているか知る由もないが、商売の契約にかかわる微妙な話を新井にしていることは確かである。

豊が新井にそのあと手紙を送るのは五月十三日である。前の手紙から一ヵ月も経っていないのに、また、「特別話すことがあるわけでもない」のにと詫びを入れて一筆送っている。さらに六月二十三日にも一筆送る。ここに至って新井への呼びかけがdear friendからdearest friendに変わっている。豊は一人ニューヨークでどんなに寂しい思いをしていたのだろう。手紙の結びに、「Oh, my dear! 君が〔日本滞在中の〕すべてを楽しんでいるように願っている。嗚呼、君の懐かしきスイートホームよ、仕事の成功を祈っている（原文英語）」と、新井の気持ちに自分の気持ちを重ね合わせ、故郷に思いを馳せている。

手紙にもあるように、豊は自分の店をどのように展開させていくか、この時点でははっきりとした見通しは立てていなかった。何に特化したらよいか模索している時代だった。ただ、ニューヨークには、日本からビジネスをする目的で次々と商人が現れる。日本人の動静はたえず気にかかる。その中でモリムラ・ブラザーズがライバル意識を燃やしたのは起立工商会社の存在だった。

起立工商会社のこと

一八七九年（明治十二年）にニューヨークに店舗を構えている日本商社は八社あった。いずれも日米貿易をする目的で、マンハッタンの立地のよい場所に出店していた。民間企業でありながらそのようなことができたのは、日本政府から多額の資金援助を受けていたからである。政府は生糸や茶などを直輸出することにより、商権回復を訴え、日本という国の存在を諸外国に認めてもらいたいと必死になっていたのである。

市太郎は政府の援助をことさら嫌った。その理由は、「政府からの援助を受けていると、商売上でも役人に指示されかねない事態が起こり、独自の経営方針を貫くことができなくなってしまう。又、無利息の資金を使うことにより、気が抜けてしまい、働く気概がなくなってしまう[21]」からであった。

市太郎の政府への警戒心は強かった。誠意を尽くしてやっていた馬具製造の事業は、突然政府から直営にしたいと言われた。一生懸命仕込んだ職人は三百人ほどいたが、政府は彼らを政府直属の働き手にすると言った。抵抗しても勝ち目がないことがわかっていたので、市太郎は職人を無償で政府に提供し、自分は馬具製造業から退いてしまった。政府への不信はそのときに始まったことではなかった。御用商人をしていた頃、注文品を届けに行くと賄賂を要求されて、怒り心頭に発したこともあった。政府には頼らないで「独立自営」で行く、という彼の決心は固かった。

　政府が起立工商会社に多大な資金援助を行った理由は、一八七三年（明治六年）のオーストリア・ウイーンの万国博覧会の成功がきっかけだった。佐賀県出身の役人たちが中心になり、生糸、陶磁器、書画骨董を出品したところ大成功を収めたのである。一八七四年（明治七年）、政府は佐賀出身の松尾儀助を社長に任命し、雑貨を販売する起立工商会社を創立した。同時に二年後のフィラデルフィア万国博覧会に参加することを決める。そこでこの機会にニューヨークに進出する商社があれば、準備金を貸与し、日本の国力を顕示しようと目論んだのである。

　起立工商は、表向きは民間企業であるが、大隈重信大蔵卿の賛同を得て準備金として政府から三十万円受け取っていた。今なら三十億円相当である。潤沢な資金のおかげで、京橋の木挽町に本店を置き、一八七七年（明治十年）、ブロードウェイ八百六十五番地に建物全館を一ヵ月一万ドル[22]で借りて、ニューヨークに進出した。豊の店舗は、六番街二百三十八番地、賃料は一ヵ月三百ドルだった。このことから見ても起立工商の規模の大きさが想像できるだろう。

起立工商のニューヨーク支配人は八戸欽三郎、エール大学出身の秀才だった。日本人十名、外国人十五名を雇い、織物、蒔絵、漆器、陶磁器、絹・木綿製品、銅器などの工芸品を扱っていた。陶磁器は有田製、織物は京都西陣の製品というように商品は一級品ばかりで、フィラデルフィア万博の盛況と相まって、アメリカ人の間でも大好評を博した。しかし、潤沢な補助金は市太郎が危惧した通りの結果を招いた。会社の経営は次第に放漫になり、宣伝通りの一級品を製造するどころか、本国の工場さえろくに運転できなかった。政府は融資した資金を回収できないまま、起立工商は一八八一年（明治十四年）をピークに破綻に向かって転がり落ちる。経済史学者の宮地英敏氏の分析[23]によると、「仕入れから販売までの期間と運転資金の回転がうまく噛み合って」いなかったことが破綻の原因とのことだ。

豊にも同じような試練があった。限られた資金を有効に使うことに腐心し、経験から得た経営のノウハウを活かしながら戦略を立てている。モリムラ・ブラザーズの客は、最初は珍奇のために売れることがあっても、次からは同種類のものは好まないことがあった。雑貨店でありながらリピーターを作るというのは、とてつもないエネルギーが要る。なくてはならないものを売るわけではないので、アトラクティブなものを売らなければならない。流行は作られてもシーズンが終わると消えていく。街ゆく人びとのファッションを見て、どんな色や形が新鮮であるか、どんな装飾品がお客の心を捉えるか、時流に合った商品の傾向を予測しなければならなかった。その予想が外れることはほとんど許されなかった。起立工商が日の出の勢いでニューヨークの人びとを惹きつけている間、豊はじっと我慢し、神経をピリピリさせながら日本へ送る情報を集めていた。

ニューヨークの日本協同会

豊と新井の会話の多くがニューヨークの同業者たちのことだったことはすでに書いた通りである。日本の官庁からいつ、誰が、どのような目的でニューヨークにやってくるかは、当時のニューヨーク在留商人にとって最大の関心事だった。再び、豊から新井への手紙を読んでみよう。一八八〇年四月二十二日付である。

> 新任の穎川《えがわ》〔君平〕領事は今月七日に当地に赴任され、日本協同会の代表に就かれた。我々は十日にウエストミンスター・ホテルで氏の歓迎夕食会を開いた。お互いに一人ずつ自己紹介をして。十一日には彼と高木〔三郎〕氏が今度は我々を同じ場所で夕食に招待してくれた……
>
> 君に話すほどの特別なニュースはないが、ただ勧商局長の河瀬〔秀治〕氏が一週間

か十日位すると当地にやってくることになっている。そしたら今度は我々が彼を食事に招待するつもりだ……

僕は君が戻るまで、君の部屋を週八ドルで借りている。しかも食事付きで。D夫人とT夫人から君によろしくとのことだ。君の仕事がうまくいくよう祈っている。書きたいことはあるのだが次の便にしよう。

ニューヨークには絶えず日本から人がやってきた。特にそれが官庁の役人である場合は、非常に神経を使う。ニューヨークで商売をしている以上、本国からの訪問者には特別の気配りが必要だった。手紙で話されていることは、ニューヨーク領事の交代のことである。高木氏が帰国し、穎川氏がニューヨーク領事になるらしい。

高木領事はニューヨーク滞在中に大きな仕事をしている。領事館が中心になり、資金として百ドルを提供し、「日本協同会」を創設したのである。在留日本人が、本業の合間に定期的に会合を開き、情報交換をすることを目的としていた。日本人同志が親睦を厚くすることは重要である。特に日本から初めてニューヨークに来る人にとって、ここへ連絡すれば、いろいろな便宜を図ってもらえることになっていた。

他方、領事館にとってもこのような会が存在することは好都合だった。在留日本人の商売の動静を東京の勧商局に報告することが仕事の一つであったから、日本協同会の動きを把握しておけば、ニューヨークの商人の活動の情報が入ってくる。仕事の情勢だけでなく、どんな人物がニューヨークに登場しているか、何が起こっているか、なんでも掌握しておきたいのが役所である。

　日本協同会の設立は、勧商局にとってもニューヨーク在留者にとっても歓迎されていた。日本からの訪問者、特に官庁からの来訪者があると、日本協同会が主催して歓迎会を催した。

　しかし、一八八〇年（明治十三年）末の会合では、思いがけない不名誉な事件が起きてしまった。日本協同会の会員をニューヨーク在留の実業者のみに絞るか、あるいは他の職業の者も認めるかということから喧嘩になったのである。もともと参加者の間には商売上の対立から不協和音があり、面と向かって相手を揶揄するほどのライバル意識があったのである。晩餐会が盛り上がった頃に、メンバーの一人、佐野利八組の福井信が非紳士的な態度を取ったために、起立工商の八戸欽三郎を怒らせ、殴り合いの喧嘩が始まった。会場のホテルは乱闘の修羅場になってしまった。そんな失態のせいか、日本協同会は一時解散することになってしまった。新たに日本人会が組織されるのは三年後のことだった。

ニューヨークの日常生活

豊と新井の親密な関係は、豊の手紙だけでなく、新井が渡米直後からつけていた日記の中にも見出せる。わずかなフレーズしか書かれていないが、誰に会ったか、何処へ行ったかをメモしている。自分の思いや願いを記録しているわけではないが、わずかなフレーズだからこそ、即時に書き留められたもので、豊の言動も推測することができる。たとえば、一八七七年の日記は二人がどのくらい頻繁に交遊していたかを物語っている[24]。

一八七七年の正月の箇所を見ると、新井は、生糸事業のパートナーの佐藤を訪問して、新年の挨拶をしている。その帰りには雪が降り出し、翌朝に積雪が三尺（約百センチ）になる。「夜になって、増田、森村とセントラルパークに行く」とあるから、異国での初めての正月を三人で祝ったのだろう。外套の襟を立てて、雪の粉を払いながら、公園で新年の抱負を語り合ったのだろうか。

日記は備忘録でもあり、その日の行動のほかに、洗濯代一ドル三十セントとか、二週間の飯代が八ドルとかも書き込んでいる。ニューヨークに来て九ヵ月余り、わずかな生活費の中から金のかからない楽しみを見つけている様子がわかる。散歩は気分転換であり運動でもあった。みな健康にはことのほか気を遣ったに違いない。

日記には、再三「朝、六アヴェニューより帰る」とあるが、新井はおそらく六番街の豊の店に泊まったのだろう。彼は、しばらく仲間と一緒の下宿にいたが、日本人と固まっているといつまでも英語がうまくならないからと言って、一人ブルックリンに下宿を移した。ところが、イースト・リバーは時々凍るのでフェリーの通行ができないことがあった。そんなときはマンハッタンの豊の店に泊まったのだろう。

四月十七日は、オフィスでの仕事が終わったあと、「佐藤、森村、増田、鈴木、妻木と六人で、高木と別れの盃を酌み交わす」と書かれている。高木領事が一時帰国することになったので歓送会を催して旅の安全を祈願したのだろう。仲間がニューヨークを離れるときは、日本協同会のメンバーで送別会を催すのが慣例であり、それはまた同時に情報交換の機会にもなっていた。仲間のうわさ話には望郷の念が見え隠れしていたに違いない。

翌四月十八日の晩には、「七時半の車にて、鈴木が日本に帰る」ので「森村、増田、僕の三人にて送る。帰路、六アヴェニューに泊る」とある。オーシャニック号で一緒に来た鈴木東一郎がこの日帰国の途に就いた。新規の仕事に就くのを祝って送り出したのかもしれないが、二ヵ月後の六月二十九日に思いがけない報せが届く。「鈴木死去の報を聞いた」としか書かれていないことから、これは大きなショックだったに違いない。鈴木は横浜の山中で自殺したということが後にニューヨークの仲間たちに知らされる。鈴木も豊らと一緒にオーシャニック号でやってきた一人である。彼は丸善の創立者である早矢仕《はやし》有的《ゆうてき》に頼まれて薬品雑貨貿易をニューヨークで行うはずだった。しかし、なぜ急に帰国したか、帰国後何をしていたかは一切わかっていない。鈴木の名前は丸善の社史にも登場しない。

七月一日日曜には、豊がブルックリンの新井の下宿を訪ね、二人は午後コニーアイランドまで遠出している。コニーアイランドは、当時ニューヨークの裕福な人びとの娯楽場として人気があった。江戸の繁華街に生まれ育った豊が束の間の遠征としてホテルやカジノがある遊興場を選んだのは頷ける。

私の祖母喜美子（森村豊の次女）は戦後間もない頃、東京の明治神宮外苑で開催されたコニーアイランドショーに私たち一家を連れて行ってくれた。ニューヨーク州のコニーアイランドから遊園地がやってきて、日本国内を巡回したらしい。メリーゴーランドや観覧車に乗って狂喜したことを覚えている。そこが十年前に学徒出陣の壮行会が行われた場所だなんて誰が想像しただろうか。祖母は大正の初めに二年近くニューヨークで過ごし、私の父はその間にニューヨークで生まれたことを思うと、祖母には豊が過ごしたニューヨークへの思いがあったのかもしれない。ハイカラで斬新なものに惹かれるのは森村家の特性だった。豊の江戸っ子らしい、粋な性格が祖母を通して感じられる。

九月九日には、「佐藤、太田、森村、高木、斉藤とポキプシーに行く、これはカストムハウスの役人のまねき」とある。

ポキプシーは歴史的に古い町で、オランダ系の人が多く入植した。アメリカ独立戦争のときには、ニューヨーク州第二の都市だった。それから百年後、豊が滞在した頃は人口約二万人の住みやすい環境だったようだ。ニューヨーク市とオルバニーの中間地点にあり、ハドソン河沿いの交通の要所である。ハドソン河を利用して、運送業やビール業、製紙業などで栄えた。豊はイーストマン・ビジネスカレッジで勉強しながら、この町の商業の発展にも関心があったに違いない。与えられたチャンスは有効に使う豊の性分から見て、商業に従事するためには土地の人たちとも積極的に交流し、事業のノウハウを学んでいたのだろう。日本からの荷が着くたびに税関へ出頭するので豊も新井も税官吏とは顔なじみだったのだろうか。豊がポキプシーにいたことがあったことで親交が始まったのかもしれない。

日記の続きを読んでみよう。一八七八年（明治十一年）一月二十六日、「森村の宅を出て、オヒスに行く。……僕〔新井〕、森村、高木、其他とアストルハウスで別れの盃を交わす。今夕、九弗差引勘定余る」。特別な思いを込めて盃を酌み交わすときは、ブロードウェイの角にあるアスターハウスがお気に入りだった。

一八三六年に鳴り物入りでオープンしたアスターハウス（ウォルドーフ・アストリア・ホ

テルの前身）は、ニューヨーク一の高級ホテルである。当時すでにセントラル・ヒーティングと給湯システムが備わっていた。各室の照明は、ロウソクに代わってガス灯が使われていた。宿泊客の一人がガス灯の火を、あたかもロウソクの火を消すかのように、息を吹きかけて消したため、生ガスがホテルに充満し、就寝していた客が窒息死するという事件も起きた。一八六一年の二月には、リンカーンが大統領就任式のためにワシントンに向かう途中で宿泊したことでも有名である。

佐藤もしばしばアスターハウスでオークションを開催していた。当時の裕福な市民だけでなく、世界の賓客が目前に出没するこのホテルは、そこにいるだけで高揚感が味わえ、商売をするには恰好の場所だった。佐藤や豊の好みに合っていたことがわかる。田舎者に見られるのが嫌いな豊にとって、華やかな雰囲気を満喫できる場所だった。

都会育ちの豊と新井はしばしばアスターハウスの空気を吸いに行った。煙草を吹かしながらロビーに座って、行き交う人びとを観察していたのだろうか。しかし、皆懐が寂しいことには変わりはないので、近所で一緒に食事したときは、常に割り勘にし、下宿の食事代も立て替えてもらったときは必ず返済している。限られた小遣いの中で互いに貸し借りをしたときはきちんと清算し合う、几帳面な一面が垣間見える。

新井の日記の三月二十日には、「夜に入り、白き肌の御女良〔郎〕を五弗と二十一弗出して買う。森村と前払する」というのもある。二十二日、「夕、福井、山田、高木と森村の別離に行く。今夜、同人エリー鉄道にて七時出発」。こうして仲間に見送られて豊は初めての帰国の途に就いたのだった。

それから半年が過ぎ、また冬が巡ってきた。ニューヨークの冬は一層寒さが厳しい。そんなとき彼らは室内の遊興場で余暇を過ごすことが多かった。一八七九年一月二十三日の新井の日記には、仕事のあと、クーパー・インスティテュートに出かけ、玉突きを見学したと書かれている。これは、電信電話事業で成功した実業家クーパーが創設した施設である。今はクーパー・ユニオンという大学として知られている。人種、性別、宗教に関係なく、誰にでも開放されている倶楽部というのが謳い文句だった。二人はこの施設の雰囲気が気に入り、冬の間はしばしばここに籠ることになる。二十六日にはさっそく五人の同志と玉突きに出かけている。たちまち病みつきになり、二月二日の晩にもまた玉突きをしている。豊はひとたび夢中になると、すべてを忘れて没頭する癖があった。玉突きは、緻密な技術の習得はもとより、ゲームを有利に進めるための戦術や集中力が要求される。運だけでないところが豊の気性に合っていたのだろう。

日記はさらに続く。三月三十日には日本領事館に招待された。「森村、宮本、福井、山田と〔新井は〕日本芸人弥吉夫婦、および勝造の招きに行く。日本飯と歌の馳走になる」。領事館での催し物に参加するときは和食が供されるので彼らにとっては至福の時間だった。日頃は馳走と言えば、白米と塩ザケくらいだったから、領事館での食事は日記に残るほど特別なものだったのだろう。

翌々日、豊と新井は一緒に下町に出かけ、豊は自分の時計の鎖を買っている。この頃になると商売もかなり落ち着き、経済的にもゆとりができたのだろう。時計は唯一の贅沢だったのかもしれない。しかし、豊は決して無駄遣いはしなかった。

売れるものなら何でもよし

初期のモリムラ・ブラザーズはどんなものを売っていたのだろうか。陶器や漆器など古物に力を入れていたのではと思ったが、どうもそうではないようである。いわゆる骨董品を売ったのはごく初期だけだったようだ。

一八九四年（明治二十七年）に美術商の山中商会がニューヨークに進出し、書画骨董を東部のコレクターたちに売るが、それまでは居留地の外国商人の手を経たものが多かったように思われる。豊がニューヨークで売ったのは、美術品と言うより室内装飾に使われる工芸品だったようである。陶磁器の壺や瓶、銅器の置物、漆器の小箱など、多くは室内の装飾として気に入られたのではないだろうか。そこから、六人具（コーヒーセット）の食器へとつながっていくような気がする。

　森村商事の資料室には、森村組の仕入課が問屋に注文したものを並べた明治十五年の『請渡日記簿』が残っている。釣竿十本、象牙柄付ナイフ、四寸すだれ、テーブル掛け、房付きショール、敷物など、食器とは直接関連がないものも多いから、この段階では手当り次第なんでも商品として考えていたようである。

　明治十六年の『日記帖』には、尺七金モミ地紙、金塵紙、寒冷紗、金砂子紙、金の口前紙などがリストアップされている。おそらく、錦絵を利用して、色紙にしたり、表具を付けて掛け物に仕立てたりしていたのではないか。単に商品を探してきて、右から左に回したのではなく、材料は錦絵でもそれに創意工夫を加え、団扇、掛け物、衝立などに加工し、付加価値をつけてニューヨークに送っていたようである。その証拠品として、大倉孫兵衛が制作した錦絵の画帳が見つかっている（後述）。

　明治十七年の『諸国注文控帖』には地方ごとに注文するものを絞って特産品をまとめていたらしいことが推測できる。名古屋の滝藤商店への注文は陶器類で、その詳細が列挙されているが、土瓶二百個、肉皿二百個、細口徳利百個、砂糖壺二百個、豆皿一万個、辛子入五百個、胡椒入五百個、顔洗具百七十組、手燭五百個、灰払五千個など気の遠くなるような個数を注文し、京都の錦光山や石田、東京の瓢池園や杉村、名古屋の西郷などの画付工場に送り、それぞれ異なった文様の画付けを行い、形は同じでも装飾は銘々違うオリジナル商品を創出していることがわかる。また、西洋からヒントを得た商品は横浜や神戸で製造されている。ヘムハンケチ五十枚、シャボン入三百個、花活五十対、針刺二千個など。

関西では、陶器、銅器、漆器のほかに、人形、日傘、小箪笥、屏風、衝立、掛け物、さらに植木鉢カバーなどの籠の類が多い。まさに何でも屋だったが、籠や紙製の目方の軽いものを梱包に入れているのは、重量を調整していたのだろう。さらに念が入っていることは、額皿を売ればそれ専用の額皿立、花瓶を売ればそれに合う敷物、トイレットペーパーには専用の籠なども取り揃えてあり、顧客を落胆させないような心配りをしている。

豊は、客が購入したものがそれぞれの家庭で、どのように取り扱われているかに関心があった。あるとき年配の婦人が店にやってきて、山水画のデザインの高さ七十センチの壺が気に入り、ぜひ購入したいと言った。しかし、玄関の両脇に一対にして飾りたいから同じようなものがもう一つないかと尋ねられた。店にあるストックの中から婦人の気に入るものが見つかるまで、店員が倉庫の中を這いまわり、ようやく納得するものを見つけたときには何と二時間も過ぎていた。この壺は一つ三ドルだった。二つで六ドルのものを売り上げるために二時間もかかったのである。

しかしながら、豊は客を相手に話をすることは無駄であるとは思っていない。会話の中に学ぶべきことがあるのである。日本では壺を一対にして使うということはそれまであまりなかったが、なるほど裕福なヴィクトリアンハウスに住む客にしてみれば、玄関の入口やマントルピース上の鏡の両脇などに花瓶やロウソク立てをペアで使うことはよくある。豊はそういう経験から顧客の要望を裏切らないような品揃えをいつも念頭に置いていた。

実は、最近の調査で大倉孫兵衛が日本橋で制作していた錦絵や画譜もモリムラ・ブラザーズが大量に輸出していたことを示す資料が見つかった[25]。大倉陶園の倉庫から錦絵の画帖七冊が見つかったのである。和紙に摺られた木版画は目方が軽く、かさばらないので輸送に都合がよい。題材は主に花鳥画や美人画であるが、表装を施したり、額装してインテリアの装飾品に仕上げたりしていた。また、はがき大のクリスマス・カードを作り、数枚一組にして販売していたらしい。

そのほかに見つかったのは、一八八五年頃の店内の陳列棚を錦絵にしたものがあった。いわゆる引札で店の広告チラシとして使われたものらしい。驚いたことに、三つ折の屏風を特注で作らせ、縁取りに森村組の屋号であるマル木のマークを散らしたものまであった。あるいは、陶器の大壺に、家紋の代わりにマル木のマークを金盛りで付けてある。何という手の込んだ仕事だろうか。商品に付加価値が付くように気配りを忘れていない。こうして大量生産であっても一点一点違うことを強調している。

大倉孫兵衛が作ったと思われるモリムラ・ブラザーズのチラシも残存している。蛙がバッタにまたがり、笛や太鼓を鳴らしながら音頭をとり、扇子や団扇をかざし、モリムラ・ブラザーズの旗をたなびかせて行進する図である。ほかにも、竜宮城の乙姫とサムライが亀の甲の上で踊りながら、モリムラ・ブラザーズの釣鐘を運ぶ魚の行列の図もある。いずれも、漫画的で、ユーモラスで、日本という未知の世界へお客を誘導する雰囲気をよく醸し出している。このような図柄を見ると、豊のニューヨークでの仕事は順調で、仕事を楽しみながらやっていたことが推測される。店内の陳列の図もある。屏風や飾り棚を背景に、色鮮やかな置物、表情豊かな人形、手遊具、扇子などを並べている。展示の様子が明るく陽気で、道行く人を招き入れる雰囲気を作っていたことが読み取れる。

一八八〇年（明治十三年）に豊が英文の手紙を書いた便箋が残っている。[26] そのレターヘッドには、「日本茶、絹製品、漆器、陶磁器、銅器、絵画、屏風の輸入業者・モリムラ・ブラザーズ」と印刷されている。このように、実際には、手広く種々雑多なものを取扱い、売れるものならなんでもよしとされていたことは証明されよう。豊は、今後どんなものを中心に商売を進めていくか真剣に考えていた。新しい店舗は以前のものよりもスペースが広く、立地的にも一等地なので、新たな事業展開を期待している様子がうかがわれる。

後注

（1）日本陶器70年史編集委員会編『日本陶器七十年史』一七八頁　日本陶器　一九七四年
（2）このカレッジについては桜木孝司「イーストマン・カレッジと日本の商業の近代化」（二〇〇六年　高千穂大学博士論文）に詳しい。
（3）森村市左衛門述　井上泰岳編『獨立自營』九九頁　実業之日本社　一九一二年
（4）阪田安雄編『国際ビジネスマンの誕生』八四―八五頁　東京堂出版　二〇〇九年
（5）桜木孝司「イーストマン・カレッジと日本の商業の近代化」一四六頁
（6）『獨立自營』六二―六三頁
（7）『国際ビジネスマンの誕生』九〇頁
（8）同掲書　九一頁
（9）若宮卯之助『森村翁言行録』一一二頁　ダイヤモンド社　一九二九年
（10）阪田安雄他編『日米生糸貿易史料』二五八頁　近藤出版社　一九八七年
（11）『森村翁言行録　改訂版』一一三頁　森村豊明会　一九六九年
（12）同掲書　一一五頁
（13）森村市左衛門『儲けんと思わば天に貸せ』六〇頁　社会思想社　一九九九年
（14）阪田安雄『明治日米貿易事始―直輸の志士・新井領一郎とその時代』二四〇―二四一頁　東京堂出版　一九九六年
（15）石井研堂『明治事物起原』（『明治文化全集別巻』所収）八九〇頁　日本評論社　一九六九年
（16）『㊍之礎』新訂版　一九頁　森村豊明会　一九九八年
（17）大西理平編『村井保固傳』一〇一頁　財団法人村井保固愛郷会　一九四三年
（18）「新井家文書」（カリフォルニア大学ロサンゼルス校、チャールズ・E・ヤングリサーチ図書館所蔵、コピーは森村商事所蔵）
（19）豊の書き間違いで、正しくは四月二十七日と思われる。
（20）『森村翁言行録』六〇頁
（21）ノリタケ百年史編纂委員会編『ノリタケ１００年史』八頁　ノリタケカンパニーリミテド　二〇〇四年
（22）水谷渉三編『紐育日本人発展史』一四六頁　紐育日本人会　一九二一年
（23）「起立工商会社と政府融資」『経済学論集』第七一巻第四号所収　五九頁　東京大学経済学会　二〇〇六年
（24）『日米生糸貿易史料』四八〇頁

(25) 現在、横浜市歴史博物館に寄託。
(26) 「新井家文書」

第三章　モリムラ・ブラザーズの躍進

村井保固の登場

一八七九年（明治十二年）、ニューヨークの豊から東京の市太郎に連絡が入った。「店も次第に繁盛してきて、なんとも手が回らないから適当な店員を一人送ってほしい[1]」というのである。英語ができて帳簿のわかる人という条件もついていた。

外国で商業の仕事ができる人を探すとなれば、市太郎の相談相手には、教育者の福澤諭吉しかない。さっそくお伺いを立てると、福澤はこんな風に切り出した。「塾に一人変わった男がいる。多くの学生は政治家になると言って、しきりに議論をしているのに、おれは商人になるのだと言い、商人は角帯を締めて、矢立てを差し、前垂れを下げるものだと、その通りの身なりをし、机の上にはいつも相場表を置いているという変わり者である。英語や帳簿の方は、よくわからないが、とにかくこの男を推薦する[2]」。

福澤の推薦する人は、村井保固《やすかた》（一八五四―一九三六）という豊と同年輩の青年だった。この青年が豊の死後、森村組の幹部になり、ニューヨークに陣取って、日本陶器が名古屋に創立された後も大いに活躍するのである。今日の森村商事と日本陶器の隆盛に貢献した一人なので、ここで紹介しておく。

村井の実父は伊予吉田藩（現在の宇和島）の林虎一という下級武士であった。一八五四年（安政元年）生まれの村井は、十五歳のときに生家の林家から村井家に養子にきて、名前を村井保固とした。

宇和島は温暖な気候風土に恵まれ、西洋への窓が開かれていた。進取の気性に満ちていた村井は、時観堂学校に入学し、ゆくゆくは教師になろうかと思った。しかし、日本外史や史記列伝などを勉強したが、こんな古いものばかりやっても役に立たない、もっと翻訳書を読んで新しい学問をしなければだめだ、と思いかえし、宇和島の不棄英学校に転校した。そこで教鞭をとっていたのは中上川彦次郎だった。

中上川は後に三井中興の祖として大いに評価されるのだが、一八六九年（明治二年）叔父の福澤諭吉を頼って上京し、慶應義塾に在籍したあと、宇和島で英語を教えていた。

「自分はいつまでも地方の学校教師をしているつもりはない。洋行する学費を拵えるために来ているのだ。諸君も上京して福澤先生について学べ」と、学生をけしかけるのが常だった。

村井は師の言葉に大いに感銘し、もっと教えを乞いたかったので、一八七七年（明治十年）に自ら上京を果たし、慶應義塾に入学する。同級生には後年政治家になる犬養毅や尾崎行雄がいた。こうして、村井は福澤諭吉から「一国の繁栄は政治のみで起こらない。西洋の先進国はいずれも産業の発展をもって国家の隆昌を図っている」[3]と教えられ、商人になるべく勉学を修めたのである。福澤が村井を「変わった男」と呼んで推薦したのも、慶應義塾には政や官の世界、あるいはジャーナリズムを目指す学生はいても、商店経営を希望する学生はまれだったからだろう。

市太郎の方は、村井の経歴から推して、さぞかし商人らしい男だろうと期待して会ってみた。ところが、どうも豊の希望する商人タイプから程遠い風采をしているので、すっかり面食らってしまった。豊は英語と簿記ができることを条件としていたが、それもあまりできそうに見えなかった。そこで実務のできる人を求めていると伝えると、飄々とした村井から次のような言葉が返ってきた。「いったい、ニューヨークでは単なる店員を希望しているのですか、それともゆくゆくマネジメントができる幹部候補を希望しているのですか」。これには市太郎もぎゃふんと言わされた。そんな村井の心意気には期待できるところもないではなかった。そこで、「森村には金がないから高い給料を出すわけにはいかない。月六円です[4]」と言ってみると、村井の答えは「実業を覚えるのですから月給などはどうでもよろしい。こちらから月謝を出さねばならぬくらいです」というものだった。市太郎は目先のことよりも将来に大望を抱いているような応答に心を動かされ、四円を下宿料、二円を小遣いとして払うことに決めて、村井を森村組の社員として雇うことにした。この商人というよりは武士の気質を備えた献身的な青年が、意外にも豊と馬が合うことがわかり、モリムラ・ブラザーズを大いに盛りたてるのである。

森村組には一つのモットーがあった。社員に上下の関係はない。従ってどんな仕事でも全員で執り行う。箱に商品を詰めるのも、荷作りをするのも、掃除をするのも、郵便物を出しに行くのも誰でなければいけないということはなく、誰もが平等に行うというモットーである。士族出身の村井にそれができるか心配ではあった。

森村組への就職が決まって出社すると、さっそく村井は市太郎に同行して仕入れに行くように言われた。横浜から神戸までは汽船だった。その船も下等で行くから、ときには牛馬と乗り合わせることもある。しかし、村井は、いやな顔一つせず、一心に仕事を全うした。次は、いよいよニューヨークへの船旅だった。一八七九年（明治十二年）九月当時、船賃は横浜―サンフランシスコ間が三等で五十円であったという[5]。

村井のニューヨーク到着は一ヵ月後の十月である。ようやく店に姿を現した村井に、豊は落胆するしかなかった。ぎょろ目で、洗練された都会人の身だしなみに欠け、お客に接するために望まれる人当たりのよさは微塵もなかった。英語も簿記も期待外れだった。来てしまった以上、今さら追い返すわけにもいかない。豊は、なんとかこの男を商人として仕立て上げなければならないと考え、辛抱して商売の「イロハ」を教えることにした。

ところが仕事ぶりを見ていると、欠点と思えた不器用さや外見が客商売に向いているかもしれない、と豊は思うようになる。村井の英語はブロークンであったが、彼は客に対して誰よりも親切で誠実だった。そこで村井は店頭で商品の販売を担当することになり、豊が帳場で会計業務を受け持つことになった。豊は実に鋭敏に村井の性格を読み取り、この現状を乗り切るためにどうすればよいか的確に判断している。豊の慧眼のおかげで、村井はニューヨーク店で自分の才能を開花させることができるようになるのである。

豊は、毎朝使用人に先立って、自らハタキを執り、室内と店頭の塵を払い、商品に少しでも塵が残っていればお客はたちまち立ち去ってしまうと、店内を清潔に保ち、飾りつけにも心を砕いた。遅刻してくる社員がいると、その分だけ余計に残業をして帰るように言い渡した。昼間は商売に忙しく、夜は荷ほどきと帳簿の整理で十時まで働いた。それが済むとジャンケンで負けたものがビールを買いに行く。ほろ酔い加減で疲れを癒やして就寝する日々が続いたのである。

クリスマスは一般の小売商店にとって書き入れ時である。特に目先の変わった日本商品は贈答用として珍重された。モリムラ・ブラザーズでは店員にも売り上げの一部を歳暮として配るしきたりになっている。それで社員はめいめい腕によりをかけて競争した。驚いたことに村井の売り上げが一番多かった。この年、モリムラ・ブラザーズは売上高が五万ドル（現在の五億円）に達した。

変貌していくニューヨーク

その頃、アメリカは南北戦争という試練をようやく乗り越え、新たな経済成長の時代に入っていた。十七世紀以来ヨーロッパから移住して来て「アメリカ人」になった人びとは、新たな国家秩序のもとに、豊かな大地で若い才知を存分に駆使し、勤勉に働き、熾烈な競争を繰り広げていた。競争に勝ち残った人びとは事業を飛躍的に拡大し、アメリカ全土に企業経営を展開していた。

南北戦争後は、それまで社会的リーダーであったニューイングランドの知識人の影が薄くなり、ニューヨークを中心に事業を展開する大企業家たちが社会の注目を集めるようになった。鉄鋼業のカーネギーや石油業のロックフェラーに代表される大富豪たちである。急速な経済発展に伴って、アメリカ人の道徳観も大きく変わり、強烈な事業欲と所有欲が正当化されることになった。

アメリカ合衆国独立百周年を記念した自由の女神がフランスから寄贈されて、リバティ島に設置されるのは一八八六年だが、自由の女神はこの時代のアメリカの発展と理想を象徴する記念物である。どんなことでも試してみることができ、意欲があり、懸命に働きさえすれば、競争に参加できる社会が成立していた。競争に勝つことは、なまやさしいことではなかったが、排他的ではなかった。だからこそ世界各地から大量の移民が流入してきたのである。

他方で、富豪たちは二十世紀のアメリカの発展につながるビッグビジネスの基盤を建設しようと必死になっていた。そんなニューヨークだったので、誰でも一旗あげる余地があった。

豊らはアメリカの大企業家たちをどのように見ていたのだろうか。マンハッタンで商業を営んでいたのだから、アメリカ社会の動きを注意深く観察していたに違いない。新井の日記には、『バンカース・マガジン』という雑誌の名前も出てくる。新聞や雑誌を定期購読し、ニューヨークだけでなく世界の景気の動向をつかみとろうと躍起になっていたのだろう。豊が後に銀行経営に興味を持つようになるのも、ニューヨークという金融都市の真っただ中にいたからかもしれない。豊は多分に賭博を好む性向を持っていたようである。市太郎のように、先の見通しが立つまでじっくり忍耐するような性格ではないようだ。運気があると見たらがむしゃらに突き進む。後悔して後戻りをするようなことはない。難局にぶつかっても、はったりをきかせて自分を大きく見せたがる傾向にあるのではないか。銀行ぐらい持たなくては商売が成功しているとさえ言えないと思っていたのだろう。アメリカ社会で認知されることは、ビジネスで成功することである。それもちょっとした成功では評価されない。アメリカ社会の絶対的な構成因子になることが、豊が描いている成功の形だった。そこでは、人間としての矜持も問われるのである。

『森村翁言行録』には市太郎の言葉として、次のように書かれている。

欧米は日本人の理想としての欧米であった。欧米のような文明国に、欧米のような富強な国に、欧米のような規律があり、節制があり、品位があり、理想があり、信仰があり、公共的精神の盛んな社会になりたい[6]。

日本人の多くがそんな理想を持っていたのである。「欧米のような文明国」になれるだろうか。日本の政府はアメリカという新興で強力な国と対峙していた。日本国民は義務と権能を持たされ、政府が小さいがために個人は必死に働き、国を強化するという目的に向かって奮闘していた。自分たちの目的を疑うことすらしなかった。豊は、「アメリカ社会の構成因子」になることを理想としていた。ニューヨークで成功者と呼ばれたい。規律を持ち、節度がある人間としてこの社会で生きたい。アメリカには豊と市太郎が崇敬するすべてがあるように見えた。アメリカの実業家たちは、人びとの生活や文化に大きな影響を与えていた。二人は彼らに脅威を感じながらも魅了されていったに違いない。

貿易体制整う

ニューヨークの街の賑わいは年ごとに増していった。モリムラ・ブラザーズの事業環境も見違えるように変わっていく。特に貿易環境が改善され、日々の業務が様変わりした。大西洋横断海底ケーブルは、一八六六年から本格的な実用が可能になる。通信網の覇権を握っていたのはイギリスである。従って、まずイギリス本国とその植民地とを結ぶルートに海底ケーブルが敷設され、カナダ、オーストラリア、インドへ情報を送ることが容易になった。ニューヨークからイギリスのケーブルを利用してインドや中国大陸沿岸に電信を送り、通信することも夢ではなくなった。太平洋ケーブルの敷設も検討されるが、全線の開通は一九〇三年まで待たなければならない。

大西洋横断の通信網が敷かれたおかげでアメリカとヨーロッパは近くなった。アメリカの企業は、大西洋を越えてヨーロッパ大陸に進出し、事業を拡大していく。他方、アメリカ国内には、ヨーロッパの装飾品、美術品、家具などが、大量に輸入された。イギリスやドイツの陶磁器も例外ではなかった。

日本では横浜正金銀行（現三菱ＵＦＪ銀行）が設立された。国を挙げて貿易の振興が叫ばれ、海外取引を円滑に行うことが急ピッチで進んだ。横浜正金銀行は一八八〇年（明治十三年）ニューヨークに支店を開設し、外国為替の取引を本格化させている。この銀行の主な仕事は、直輸出を促進するために政府の「御用外国荷為替」を取り立てることだった。徴収した金を領事の承認を得てロンドンに送り、外国銀行の手形を購入する業務を行っている。ようやくインドのオリエンタル・バンクに頼らないで兌換ができるようになったのである。[7]

日米間の海上運送にも進展があった。一八八五年（明治十八年）、郵便汽船三菱会社と共同運輸会社が合併し、日本郵船会社（現日本郵船株式会社）が設立された。しかし、航海自主権は、アメリカやイギリスの名門海運会社に依然として握られていた。そのため、すぐには遠洋航路を開設することはできなかった。日本国内では産業振興と結びつき、物流が激しくなると、鉄道網が広がり、地方の海運業者も勢力を伸ばし、海運業界は熾烈な競争に突入した。たとえば、国内の紡績業が盛んになり、インドから綿花を輸入するために、日本郵船がボンベイまでの遠洋航路を確立するのは一八九三年（明治二十六年）である。

太平洋航路は、長い間パシフィック・メール汽船会社によって運営されていたが、一八九六年（明治二十九年）にはようやく日本郵船が横浜とシアトルを結ぶ定期航路を開設する。シアトルからグレート・ノーザン鉄道を利用し、貨物をニューヨークまで届ける路線が竣工するのは、二十世紀に入ってからである。

一八八四年（明治十七年）には、東京海上保険会社が、船舶保険の取り扱いを開始している。これでようやく貿易事業を推し進める体制が整ったのである。

ジャポニズムの追い風が吹く

ジャポニズム（日本趣味）は、最初フランスで起こり、マネ、モネ、ドガ、ゴッホなど印象派や後期印象派の画家たちが浮世絵に影響を受けたことで知られている。アメリカでは、一八七〇年頃から絵画だけでなく、服飾、室内装飾、造園というような生活に密着した品々にもジャポニズムが見られるようになった。アメリカ生まれの画家、ジェームズ・ホイッスラー、ジョン・シンガー・サージェント、メアリ・カサットらがヨーロッパに行き、そこでジャポニズムの洗礼を受け、彼らの作品に日本を連想させるモチーフが使われていたからだろう。女性のしぐさや日常の情景が、日本風のキモノや壺、傘や扇子などの装飾品と共に描かれ、ゆとりのある生活の雰囲気がアメリカ人を魅了した。そのため、「日本文化に漠然とした憧れを持つ社会的ムード」が人びとの間に広がり、「日本愛好、心酔の雰囲気[8]」が少しずつ作られたのである。それは、モリムラ・ブラザーズにとって大きな追い風になった。

　ニューヨークでは、幕末から居留地で暴利をむさぼっていたアメリカ貿易商人たちが日本の物産を売り、大繁盛していた。たとえば、ヴァンタインという店では、花瓶、急須や湯飲み、皿、漆器の小箱、扇子などが大量に売れていた。この店では一年間に三十万本の扇子を販売したといわれている[9]。当時、扇子は七セント（現在なら約二ドル）だった。日本の工芸品は、ちょっと手に取ってみたくなる愛すべき小品で、値段もそんなに高くなかった。このような工芸品は、フィラデルフィア万国博覧会が開催されて以来、一般大衆にも熱狂的に受け入れられるようになった。町中に日本熱《ジャパンクレーズ》が広がっていたのである。人びとは、マンハッタンの店先に陳列された日本の雑貨を眺め、まるで伝染病にかかったかのように、次々に購入した。ヴァンタインのほかにもニューヨークのメイシーズやボストンのジョーダン・マーシュのようなデパートが日本の工芸品を売るようになる。また、前章で述べた通り、日本の商店も日本政府の援助を受けて、ニューヨークに次々と雑貨店を開いていた。彼らは皆モリムラ・ブラザーズのライバルだった。

少し前からアメリカで制作された工芸品にも、日本趣味を採り入れた商品が散見されるようになる。一八七一年、ニューヨークのティファニー社は、日本風にアレンジした陶磁器の皿を作り、特許を取得した。続いて一八七三年、「水草に魚や貝をあしらった四角い銀の花瓶を作った[10]」。ティファニーはアメリカの伝統工芸である銀細工にいち早く日本趣味を採り入れたのである。これはティファニーの代表的なデザインになり、この装飾をほどこしたたくさんの商品が作られ、ティファニーの名は世界的に有名になった。ティファニーの意匠は、後にモリムラ・ブラザーズが日本で陶磁器生産を始めたときに大いに参考になったようである。

いかに信用を勝ち得るか

ジャポニズムのおかげで商品の販売は順調だったが、その景気がこのままずっと安泰に行くとは思えなかった。装飾品としての壺や瓶は、一時的に極めて好調であったが、経営基盤の強化を図ることが重要だった。

そのために、豊が行った仕事の第一は、アメリカの最新市場の動向を日本に伝えることである。アメリカ人が最も欲しているもの、それは贈答品として使用できるもの、何かの記念に手に入れたいと思うもの、応接間や居間に装飾として使うものなどだった。豊かな生活が婦人たちの合い言葉で、おしゃれを引き立たせるものや食堂に豪華さを加えるものなども人気があった。モリムラ・ブラザーズの商品は、彼らの社交に大きな貢献をしなければならない。お客が心をくすぐられ、飛びつくものを陳列しなければならない。陶器や織物に彼らが好む色や図柄を採り入れるとか、少しばかり奇を衒ったデザインとか、目にしたときの印象が心に残る商品を並べることが重要である。

食事のたびに使用される食器、ナプキンやハンカチーフなどのリネン製品、家庭で必需品として備えられているもの、これらを東京の兄にどのように伝えればよいだろうか。コーヒーカップとソーサー、注ぎ口の付いたミルクピッチャー、蓋付のシュガーポットなど、六番街のウィンドーに陳列され、お客を魅了しているものを兄にどのように説明すればよいのだろうか。豊は頭を抱え込む。食習慣の違いから日本では想像もつかない形状の陶器や織物を探し出さなければならない。

洋食は幕末に日本へ紹介されていたが、西洋料理店が東京に開業するのは明治四年頃である。ナイフやフォークで食する習慣はまだ日本の一般家庭には浸透していなかった。明治政府は、国民の体力向上のために肉食を奨励した。そのため、牛肉を日本風にアレンジした牛鍋のような食事が進歩的な都会人の間で流行した。豊が新井に送った手紙の中にも、「帰国してさっそく牛鍋屋に行った」というくだりがある。しかし、ナイフやフォークを使って食事をすることは、一般の家庭では採り入れられていなかった。ハンカチーフやナプキンなど、日本で見たこともない品物をどうやって理解してもらうか。豊はウィンドーに並ぶ商品をいちいち買い求め、見本として日本に送り、材質から寸法まで細かく指定して商品開発をするように迫った。単なる置物や装飾品でなく、アメリカ人の日常生活に必要なものを商品化することがこの市場の将来を左右しているようだった。豊の脳裏には、テーブルウェアを製品化することが市場の開拓につながるという確信のようなものがあったのだろう。

豊の仕事の第二は、顧客の信頼を勝ち得ることである。何よりも公正な取引を遵守した。暴利をむさぼるようなことは決してしない。ここまで商売がうまくいっているのは、その信用にあったのである。

アメリカ人の店員が一対で五ドルの陶器の傘立てを間違えて一個五ドルの値段で売ったことがあった。その日の伝票を整理していて、それが見つかった。豊はすぐ「伝票が違っているから、書き直しなさい」と命令した。するとその店員は「間違いでもありましょうが、先方は五ドルを承知で買ったことだから、このままにしておいてはどうでしょうか」と言った。これを聞いて、豊は顔色を変え、厳しい声で「商人の利益には、一定の基準がある。一個二ドル半の品を五ドルで売るという無法なことが許されるべきではない。今すぐ私の前で、その伝票を書き換えなさい」と言って、差額を返済させた。

店員は一種言いようのない感動に打たれ、「今時こんな正直な神のような人がいるものだろうか。おれは一生この人のそばから離れない。この人についていれば、必ずりっぱな人間になれる[11]」と思ったそうだ。正しいことを信じ、それを正直に態度と言葉に表す豊の姿勢は、周囲で働く人に毅然とした印象を与えた。異国で商いをする日本人としての責任感と使命感が滲んでいる。

商品の値段は東京から知らせてくる購入時の価格に梱包・輸送代を上乗せして決定していた。しかし、そのうちに高価だが売れる商品と安価でも売れない商品の区別がつくようになった。少しずつ商人の勘を養っていった。

仕入れの旅

村井が仕入れのために初めて日本に帰国したときの様子を書いておきたい。一八八二年（明治十五年）のことである。旅の荷を解くとすぐに大倉と連れだって東奔西走した。東海道線はまだ全線開通していなかったので移動に多くの時間がかかった。横浜から蒸気船で神戸へ赴き、そこから京都まで人力車を使った。

西洋の生活空間に設置しても遜色ない陶器の壺とか銅製の置物とか、商売に向くと思われる商品が見つかる頃には日が暮れていることもしばしばだった。村井は、それらがアメリカの客間で客人の賞賛を浴びる様子を冷静に想像した。ようやく購入の候補が決まると、大倉はその場で仕入価格と輸出価格を比較し、儲けを計算した。宿に帰ると食事をする暇も惜しんで、候補の商品を再検討する。売れるに違いないと踏んだ商品を少な目に仕入れるのがコツだった。限られた資金で商売になるものを調達し、ニューヨークで売り捌き、売り上げを東京に送金する。

京都や大阪で仕入れたものが、ニューヨークの店に並ぶのは、一ヵ月以上も先で、タイミングよく売り捌けても、その代金がニューヨークからイギリスを回って京橋に届くのは半年後になる。リスクは途方もなく大きい。

村井と大倉は、京都で仕入れた商品を担いで琵琶湖を船で渡り、人力車を利用して名古屋に寄り、再び蒸気船で横浜へ戻るという仕入れの旅を続けていたのである。

東京へ戻ると、市太郎を交えて今後の経営方針について意見を交わした。古美術の購入は単価が高く、一発勝負のところがあったから、少しずつその割合を減らしていくことになった。新物は同種のものであっても、顧客を広範囲に探すことができる。従って大量に購入しても捌きやすい。

新物の徳利三百本を仕入れてニューヨークで販売を開始すると、アメリカ人は予想通り花瓶として購入していった。初めて開店してから六年、どのような商品がアメリカ人に所望されているかが感覚でわかるようになっていた。ファンシーな陶磁器は一点物の贈答品として相変わらず人気があったが、それだけでは今後の成長は見込めないことは明らかだった。すべてが仕入れにかかっている。それには、ニューヨークの現場を見ている者が顧客の希望するものを、日本で探して仕入れなくてはならない。この頃から豊と村井は交互に日本に帰国することになった。

日本国内ではまだ居留地の外国人を相手にコミッションを払って商売をする家内工業の陶磁器輸出が行われていた。それらはほとんどが森村組に卸すことができないような粗製濫造品だった。窯場の職人たちはどのようにしてこれらが外地に売られているか知らなかった。闇から闇への商売が行われていて、仲介をした商人がコミッションをとりたてた。当然のことながら、劣悪な陶器が、高値で外国へ売り飛ばされ、日本の物産の評判が落ち、輸出は不振というレッテルが張られた。噂は広がり、森村組は大きな迷惑を被った。

それなら一歩先へ行くしかない。どんなに仕入れに時間がかかっても、輸出する商品の流れを自分たちで監督することが必要なのである。商品ができる工程を見届けて、粗悪品は取り除かなければならない。商品の品質を管理することをしなければならない。

そこから、森村組は名古屋周辺の窯元と専属契約をするようになる。森村組の要望に応えられない窯元はどんどん切り捨てていく。代わりに契約を交わした窯元からは少し高くても優先的に買い取るようにする。既製品を仕入れるだけでなく、ニューヨークのマーケットの要望にかなう、特注品を製造させることも考えるようになったのである。豊はモリムラ・ブラザーズの「自社工場」の輪郭がぼんやりと浮かぶ中、「アメリカのマーケットに向けて新たな挑戦をすることにしよう、アメリカではモリムラ・ブラザーズが築いてきた信用と評判があるのだから」と考えた。

経営基盤の強化

モリムラ・ブラザーズは豊をはじめとする店員の努力の甲斐あって、商売は順調に運んだ。取り扱う商品の種類は増加し、店舗も狭くなった。少し前から六番街二百二十一番地の建物を全館月三百ドルで借りていた。六番街二百三十八番地と同様に西十五丁目と十六丁目の間にあり、小売業の中心である十四丁目に近接していた。メイシーズなどのデパートが軒をつらね、上流階級のお客は馬車を店頭につないで買い物をするという、小売にはうってつけの場所だった。この建物は間口約八メートル、奥行十五メートル、三階建てで一階を小売の売り場、二階を卸売見本の陳列所とし、三階の一部は賃貸しした。[12]

この頃、すでに若干の卸売は行っていたが、アメリカ人のセールスマンを使ってもう少し本格的に卸売を始めてみようと豊は思った。新聞に店員募集の広告を出すと、思いがけず二十四、五名の応募があり、その中からゴードンというスコットランド系の人を採用した。これはニューヨークの日本商店がアメリカ人店員を正規に雇用した最初であるらしい。ゴードンはボストン、フィラデルフィア方面に行商に出かけ、日本人のセールスマンはシカゴ、ボルチモア一帯を担当した。セールスは極めて良好で、一八八一年(明治十四年)

の売上高は卸三分、小売七分の割合で十万ドルに達した。[13] 二年前と比較して、モリムラ・ブラザーズの収益は二倍になったのである。

「紐育日本領事館年報」（明治十四年度『通商彙編』所収）は一八八一年（明治十四年）のニューヨークの日本商店の現況を報告している。それによると、日本商店は十一店あり、駐在員数は三十二名で、二年前の三倍近い数字になっている。これには、前述のジャポニズム・ブームの影響があったのである。しかしブームはこのあたりがピークだった。まもなくジャポニズムは急速に冷え、ブームに便乗して商売をしていた商店は次々に閉店に追い込まれる。一八八五年（明治十八年）になってもニューヨークで営業を続けていたのは新井領一郎の同伸会社とモリムラ・ブラザーズの二社だけだったそうである。[14]

それまで日本から到着する商品は、原価一ドルのものは二、三倍の三ドルと値段を決めていた。[15] しかしアメリカ人は日本の原価を標準にして好いたり嫌ったりするわけではなかった。品物によっては原価の四倍でも五倍でも喜んで買っていくことがある反面、二倍でも買ってくれないことがある。今まで原価に頼りすぎたのを、今度は少し加減をし、アメリカ人の好みを考えて定価を決めることにしてみた。それが功を奏して売り上げがまた伸びた。お客の好みに合わせた商品を日本に注文することがますます重要になったのである。

どのような雑貨が一番売れるかが徐々にわかってきた。初めは漆器や陶器に目を付けていたが、そのうちに漆器より陶器の方が売り捌きやすいことがわかる。陶器はよく破損するので、常に補充が必要である。そこで陶器の徳利や鉢を売ろうとした。徳利は一輪挿しとして使ってはどうか。鉢はナッツ入れに最適である。客は陶器をどのように利用するか考えて買っていく。壺や瓶のような装飾品は自宅のどこへ置くか考えて買っていき、使途が明確な食器ほどよく売れた。それなら、どうしてもコーヒーカップとソーサーを作らなければならない、と豊は思った。

日本の市太郎と大倉は、横浜の外国人に頼んでコーヒーカップを借り、瀬戸の窯元で同型のものを作ろうと必死になった。しかし、日本の伝統的な製品しか作ったことのない窯元は馴染みのない形状には拒否反応を起こす。そこでフランスから輸入されている白色陶器を横浜で購入し、名古屋や京都の画付工場に持ち込み、豊から寄せられているヨーロッパ風の図案を描かせようとした。職人たちは見たこともない図案に唖然とし、どこの画付工場もモリムラ・ブラザーズの注文に慌てふためいた。こんなものはどうしてもできないというのが大半の答えであった。

市太郎はアメリカの豊にそのことを伝えたが、「人が作れるものを出来ぬということがあるものか、ぜひ作れ、作らなければならぬ、作れぬでは承知できない」[16]と豊は立腹した。市太郎たちは、さらに足繁く工場に通い、ニューヨークの要望を窯元に理解させようとあの手この手を使って説明した。市太郎や大倉の度重なる熱意に応えて、職人たちはようやく少しずつ態度を軟化させていく。しかし、なんとしても、言葉では説明できないことが多かった。満足のいく情報が得られないときに、市太郎は一度ニューヨークへ出かけて様子をみることにしたのである。

市太郎ニューヨークへ出かける

話はさかのぼるが一八八〇年（明治十三年）の暮れから一八八一年にかけてのことである。市太郎は日本からはるばるニューヨークの現場を見にやってきた。豊がもたらす情報だけでアメリカの上流社会を知ることは不可能である。実際にマンハッタンを歩いてみて、ようやく豊が要望している商品に納得がいった。ウィンドーに並べられた陶磁器の品質も形状も色柄も日本のものとは全く異なっていたのである。装飾用の手描きの高級陶磁器の多くはヨーロッパ製であった。

市太郎と豊は日本製陶器の弱点に幻滅を感じていた。瀬戸で作られている輸出用の陶器類は、素地が粗く、壊れやすい。それはギヤマンが多いからである。熱湯で洗っても壊れ

市左衛門（右）と豊
1881年（明治14年）ニューヨークにて

ないだろうか。表面を磨いても図柄が消えないだろうか。積み重ねても不揃いにならないだろうか。数々の疑問が湧く。日本の陶器は出来上がりが薄弱で粗製濫造であることが一目でわかる。

食卓で使用する陶磁器を生産し、輸出できればかなりの売り上げが見込める。新しい市場をアメリカに創出することができるかもしれない。しかし、ヨーロッパ製の陶磁器と競合できるような商品を作ることができるだろうか。ニューヨークのデパートや小売店に並べて見劣りしないだろうか。今、日本で作られているものを装飾品として売っていくには限界がある。さりとて実用性の高い、高級食器を創出できるだろうか。

ヨーロッパ製の陶磁器は地色が白く清潔感がある。料理をひきたたせる文様が描かれている。瀬戸の陶器のくすんだ色合いとは到底競争にならないものばかりである。瀬戸の食器にはほとんど白色はなく、黄色を帯びた地色や鼠色の濃淡のあるものなどが珍重されているのである。「瀬戸染付」などの意匠を西洋式のテーブルウェアに応用するのは難しい。

市太郎と豊は行く手が果てしなく遠い気がした。

二人はたとえ模倣でもいいから西洋風の食器を作ってみようと、大きな挑戦を始める決心をする。実際に森村組が硬質磁器に西洋風の図柄を追求するのはもう少しあとになるが、すでにこのとき市太郎は、豊がさんざん注文を出している把っ手の付いたコーヒーカップをなんとしてでも作らなければならないことを痛感している。ジャポニズムまがいの装飾品はまだ隆盛を極めていたが、そのうちに飽きられてしまうに違いない。

古美術から新物工芸へ

アメリカ東部で日本熱が盛んになったのは、万国博覧会の影響のほかにも理由があった。一八七〇年代後半から相次いで来日したエドワード・モース、アーネスト・フェノロサ、ウィリアム・ビゲロー、ジョン・ラファージといったニューイングランドの知識人たちが日本の美術品をアメリカに持ち帰り、その後の日本美術の普及に大きな貢献をしたのである。[17] 彼らが注目したのは、前述のヴァンタイン社やニューヨークの日本商店が売った輸出向けの工芸品ではなかった。博物学的な価値があるか、または日本の伝統に則った正真正銘の美術品と言われるものであった。

モースは、大森貝塚の発見者で、東大で奉職した後に再来日して日本各地を旅行し、民芸品や陶磁器を蒐集した。さらに、大森貝塚からの出土品の一部と約五千点の日本陶磁器をボストン美術館に譲渡した。これらの蒐集品はアメリカの日本研究に大いに役立つことになる。

フェノロサを日本に紹介したのもモースである。フェノロサと岡倉天心との交流はよく知られている。フェノロサは日本美術を研究し、東大で教鞭をとった後、帰国してボストン美術館の東洋部長に就任した。展覧会や講演を通じて東部の知識人やコレクターに日本美術を紹介した。フェノロサと連れだって来日したビゲローは、熱狂的な日本美術愛好家であった。彼は「日本工藝家ノ注意」という論文を発表し、面白いことを言った。新物の工芸品を売るならば、西洋人の要望に応えるデザインの商品を製作すべきであると説いた[18]。豊がビゲローの話を知っていたとは思えない。しかし、期せずして豊の考えも同じであったようである。

日本美術の愛好家は知識欲を掻き立てられ、単なる日本熱から目を覚ましていく。当時出回っていた出版物を読み漁り、日本美術の情報を集めるようになる。同時に、台頭しつつあるアメリカの富豪たちは個人的な趣味のためか、投機の目的かわからないが、正真正銘の日本美術を蒐集していくことになる。このあたりが美術品と工芸品との分岐点だったようだ。豊はそういう機運を感じとっていたのだろう。骨董品や古物を輸入して販売していくことにはもはや限界を感じていた。

　モリムラ・ブラザーズは、「骨董品」というジャンルを諦めて、インダストリアル・アートに注目し始める。もしかしたら、装飾品より実用性のある工芸品を販売する方がいいのではないか。もはや、薩摩焼の大きな壺でもなく、宮川香山のリアリスティックな意匠でもない。日本の技術で西洋のインテリアに呼応する工芸品を生み出すのだ。珍奇であっても好まれるものを作らなければならない。その好みを分析することに豊は時間と労力をかけた。新聞、雑誌に目を通し、機会あるごとにアメリカ人の家庭を覗き、彼らの生活ぶりを観察するようにしたのである。

　それは週末に家族で寛ぐときのチョコレートセットであり、友人を招いてお茶を飲むときのティーセットであり、パーティーを催すときのテーブルのデコレーションである。カップとソーサー、ミルクピッチャー、シュガーポット、ケーキ皿などに集約される。把っ手のついた茶碗は瀬戸の窯元でどうにか生産することができるようになっていた。[19]川本桝吉という陶工が奮闘し、豊から届いたフランス製のカップをじっくり検証したのである。すると、カップの口に釉薬がかかっていないことから、口を下側にして焼いていることがわかった。[20]窯積みするときにトチという台に載せて焼成すれば、歪みやずれを修正できることもわかった。装飾には水上に滑空するカモメ、夕日に映えるスズメ、水草をついばむオシドリなどを描いた。京都や東京の画付工にとっても不自然なモチーフではない。この絵柄を日本の伝統的な手法、「色絵」や「金盛」で西洋風の食器を飾ると、どのような出来栄えになるだろうか。

豊の観察は鋭かった。産業として成り立つ工芸を追跡する。しかし、製造の工程に妥協は許されない。単なる複製品とは違うオリジナリティーを大事にする。それが、モリムラ・ブラザーズが次の時代、ファンシーウェアの時代を切り拓いていくことにつながるのである。

独立自主の気風

市太郎はアメリカで「労働の神聖[21]」という思想に強い印象を受けた。働くことこそ意味があり、働かなければ真の幸福はわからない。そういう精神がアメリカの社会にある。働くからこそ、独立自主の気風が作られ、社会が成熟していくのだろう。アメリカ経済の隆盛は、個人は自由であるからこそ契約を要することによって成立していた。

市太郎はもともと江戸の町人である。それで契約ではなく、日本の伝統的価値観で職場に自由平等や実力主義を持ち込みたいと思った。そこでこの機会に今まで儲かっているのに、一度も決算をしたことがなかったことを改めることにする。三年半ごとに決算し、利益の一部を社員に分配することにしたのである[22]。さらに、その後は二年ごとに決算することになり、一八九二年（明治二十五年）以降は毎年になった。

　ここまで好成績を挙げられたのは、豊と村井のコンビが創ってきた社風によるところが大きい。二人の性格が全く異なっていることがかえってよい効果を生み出している。豊は几帳面な性格の上に、正直で厳格、他方、村井は誠実で勤勉だが、細かいことには無頓着で、物事を大局的につかむ傾向にある。この二人のコンビがモリムラ・ブラザーズの発展に大きく貢献した[23]。

　市太郎と豊は、日本とアメリカの国情の違いに注意を払っている。日本では表面上人間は平等で、社会の近代化が進んだように見える。とはいえ、相変わらず階級主義がまかり通っていた。二人はアメリカの社会が全く無階級で、自由平等であることに羨ましさを覚えたのだろう。日本は情実本位で動いているが、アメリカはとことん実力主義である、と言っている[24]。彼らのこの分析は鋭い。

　アメリカの若者の多くは親の世代がヨーロッパから移住してきた人たちで、何も持たずにゼロから始める覚悟でこの土地に定着した。若者は都会に魅せられ、労働力を必要としている都市部の工場に吸い取られていく。彼らの夢は都会で一旗あげることだった。大都会では誰もが平等で、一生懸命精進すれば、明日は豊かで心地よい生活をすることができる。出自、身分に関係なく誰でも参加できる自由な競争が都会にはあったからである。そういう社会だからこそ、豊たちも必死になって働いたのであろう。

モリムラ・ブラザーズの店員も徐々に増してきて、この頃になると永井儀三郎、法華津孝治、田中実などがニューヨークの店で働くようになる。社員は皆地下室のセラーで荷ほどきの埃を浴びながら仕事をし、昼間の仕事が終わると、引き際に花札をやらないかと声をかけ合う。そんなときは誰でも負けたらビールを買いに行く。豊は一定の額を賭けてそれをすってしまっても、思いこんだら何が何でも勝つという負けず嫌いから、勝負を降りることは決してしない。持ち前の几帳面さから、新たに賭け金を出すということもしない。代わりにやむをえず金時計を出し、それさえ取られてしまい、法華津に持っていかれたことがあった[25]。豊の死後、故人の記念にと事情を説明して家族に返された金時計は霊南坂の豊の家の金庫に長い間収まっていた。しかし、日中戦争が勃発し、国へ献納することになってしまったのは残念である。豊は、商売がうまくいくとわずかな生活費をのぞいて収益は必ず別にしておく、という細かい神経を持っていた。

豊がどのくらい綿密に考えて行動するかを賛美している記事がある。明治後期に立身出世を目指す若者に読まれた雑誌『成功』の記事「在米成功者森村豊君商業苦心談」（一九〇三年）である。筆者の原霞外は社会主義者で、豊のことを「綿密な注意深きひと」であったと述べている。人が取引を申し込むと、一々それまでの取引の帳簿を調べて、充分に信用のおける人だと確認してからでないと承知しなかったそうだ。「節約家」で、ものを買うときにはポケットに手を入れる前に、そのものを買うときの利害を考えたのである。これはイーストマン・ビジネスカレッジの校長から学んだことで、豊は死ぬまでその教訓を忘れなかった。

〔豊は〕必要とあればいかなる大金でも惜しむ色なく抛つのだが、一銭二銭の端金にはかえって小頸を傾けるのが常であった。今紐育の商店の店先に古びた一つのブリキの箱がある。常に光燐マッチを入れて人々の喫煙用に供するのだが、あるとき、あまり古びたからといって、店員がそれを棄てようとした。すると君〔豊〕は慌ててそれを止めて、「こんな古箱でも、これが昔僕の金庫だった大切な記念品だから、汚なくっても店前に据えて置くのだ……」。君は長く米国にいたのだから、内容外形ともさぞさぞハイカラーであろうと思うと、いやいや決して然でない、常に最も低いカラーを着け、最も襟の小さいチョッキを着て、若い者が渡米するとすぐにハイカラーを着けて奢侈を極めるが、すると君は「僕がこの間、日本へ帰ったときにある老婆に四十圓の金をやったら泣いて喜んだぜ、米国は金を儲けるところだ、費うのなら日本で費い給え、よほど費いばえがするからねえ…」と言って戒めたそうだ[26]。

「米国は金を儲けるところだ、費うのなら日本で費い給え、よほど費いばえがするからねえ」という豊のセリフには、図らずも豊の人生観とでも言える思想が含まれている。豊は、奢侈《しゃし》を嫌った。当時、ニューヨークで豪奢な生活をしていた富豪等には興味がなかったのかもしれない。アメリカで奢侈を極めても何にもならない。それよりも、日本で家族を持って、身の丈に合った、控えめの暮らしをしたいと思っていたのであろう。おそらく、豊は十一歳のときから感じていた、独立した自由な気風を意識していたのかもしれない。

しかし、豊は決して吝嗇《りんしょく》ではなかった。同じ記事の中に、それを示す逸話もある[27]。横浜で商売をやっている茂木喜三郎という男が、ある日豊の店にみすぼらしいなりふりで現れ、ニューヨークで行商したいから五ドル相当の品物を貸してほしいと言ってきた。応対した店員はあまりにみすぼらしい男だったので信用しなかったが、たびたびやってくるうちにこう言った。「自分は人より一時間早く店を開ける。すると散歩に来た人が買ってくれる。晩は一時間遅れて店を閉める。すると帰宅途中の人が買ってくれる。こうして弁当代を稼いでいる」。

豊はこの男が一生懸命苦労している姿に心を打たれ、「今後は百ドルでも二百ドルでも構わないから、やらせてみたらどうか」と店員に言ったことがあった。その男は後年、茂木桃井商会を経営し、それなりの成功を収める人物になった。豊は気概がある人には心を許した。ニューヨークにはそういう独立自主の精神が満ちていたので、どのように人を評価するかを豊は肌で学びとっている。人情に厚いのは、豊がヒューマニズムを大切にしていたからだろう。

後注

（1）『森村翁言行録　改訂版』一一九頁　森村豊明会　一九六九年
（2）同掲書　一二〇頁
（3）大西理平編『村井保固傳』三八頁　財団法人村井保固愛郷会　一九四三年
（4）『森村翁言行録　改訂版』一二一頁
（5）『村井保固傳』九三頁
（6）『森村翁言行録　改訂版』三八頁

(7) 阪田安雄『明治日米貿易事始―直輸の志士・新井領一郎とその時代』二二頁　東京堂出版　一九九六年
(8) 児玉実英『アメリカのジャポニズム』八頁　中央公論社　一九九五年
(9) 朽木ゆり子『ハウス・オブ・ヤマナカ―東洋の至宝を欧米に売った美術商』四六頁　新潮社　二〇一一年
(10)『アメリカのジャポニズム』六三頁
(11) 若宮卯之助『森村翁言行録』一一七頁　ダイヤモンド社　一九二九年
(12) 森村百年史編集委員会編『森村百年史』二九頁　森村商事　一九八六年
(13) 同掲書　三〇頁
(14)『明治日米貿易事始―直輸の志士・新井領一郎とその時代』二五頁
(15)『村井保固傳』一〇四頁
(16)『㊍之礎』新訂版　二五頁　森村豊明会　一九九八年
(17) 井上瞳「アメリカ市場におけるモリムラブラザーズ」『ノリタケデザイン100年の歴史』所収　一五四頁　朝日新聞社　二〇〇七年
(18) ウィリアム・ビゲロー「日本工藝家ノ注意」『国華』第一至三号所収　九頁　一八八九年
(19)『㊍之礎』新訂版　二五頁
(20)『森村百年史』三四頁
(21) 森村市左衛門述　井上泰岳編『獨立自營』二八一頁　実業之日本社　一九一二年
(22)『村井保固傳』一〇八頁
(23) 同掲書　一〇九頁
(24)『森村翁言行録　改訂版』六四頁
(25)『村井保固傳』一一九頁
(26) 原霞外「在米成功者森村豊君商業苦心談」『成功』三巻一号所収　一七頁　成功雑誌社　一九〇三年
(27) 同掲書　一七―一八頁

第四章

家族と友人に支えられて

小売から卸売への転換

一八八〇年代中頃、日本では数年前から続いている西南戦争後の不景気が全国的に広がり、国内の商売は厳しくなっていた。アメリカの経済界も同じように低調な時代が続き、一部の大企業家は別として、ニューヨークの小売業の先行きは決して明るくなかった。ジャポニズム・ブームの終焉からファンシーウェアへ移行するまでの十年間ほど苦しい時代はなかった。

厳しい経済状況に直面して、豊は過労やストレスが原因でしばしば健康を害した。もともと犀利《さいり》で綿密に算段する性格なので、前途が不安だったのだろう。いっそ店を畳んで日本に帰り、銀行でも創ったらと思ったこともあったようだ。そう思ったのには理由がある。森村家は人助けと称して金銭を都合してやることが昔からあったからである。

話は豊の幼年時代にまでさかのぼる。市太郎と豊の父親である五代目市左衛門は、正直で真面目、情け深い人であったが、土佐藩士のために一肌脱ぐこともあった。維新が近づき、江戸にいる彼らが急に帰郷しなければならないとき、よく金銭を都合してやったのである。旅費が足りない後藤象二郎（幕末明治の政治家）や河野敏鎌《とがま》（日本の教育制度の基礎を作った文部卿）らが金を借りに来た。

維新後になって、市太郎は、出世したこれらの人たちに政府の会合で出会い、「おまえの親爺に二両二分の借りがある。國へ帰るとき借りて、返へさなければならないと思いながらも、つい忘れてしまった」と言われたことがあった。[1] 五代目は人情厚く、金銭で困っている人がいれば、返済の見込みがなくても貸していたのである。それを見ていた豊は、資金に余裕があるときに財テクを考えることが必要だと思ったに違いない。

豊の店はマンハッタンのウォール街から遠くないところにある。アメリカのビジネスの繁栄を象徴する金融街がすぐそこに広がっているのである。豊は銀行を設立してはどうだろうと思い、村井にぽろっとこぼした。

村井からは、思いがけない返事が返ってきた。「それもいいかもしれませんが、折角ここまで辛苦してやっと基礎を築き上げたのですから、このまま引き上げるのは惜しいではありませんか」と言い、さらに小売には限界があるのだから、「このまま続いてやるなら、いっそ小売を止めて卸専門に転じようではありませんか」と、新たな提案をしてきた。村井は事業を拡大するべきで、「どうしても将来の大成を期するためには大量販売のほかにない」と言う。豊は「しかし、小売には現金がすぐ入ってくることと利益が大きいのが長所だ」と譲らなかった。

この論争は毎日店舗に立つと始まった。[2] 埒が明かない状態が続いた。そこで、「いつまでも意見を対立させても仕方がない。日本の兄に判断を仰ぐのはどうか」と豊が歩み寄った。二人はそれぞれ自分の意見をしたため、同じ封筒に入れて東京に送った。しばらくして市太郎から返事が来た。

豊の言うこともわかるが、森村組の商売は単に利益のみを追求することではない。日本の商品を海外に出して国家に貢献するのがそもそもの目的だ。このことから考えると大量輸出を図る卸専門にすることが得策であろうと、市太郎は村井の案に賛成したのである。

『村井保固傳』によれば、豊は何のわだかまりもなく兄、市太郎の意見を受け入れたとあるが[3]、おそらくこだわりが残ったのではないだろうか。「日本の商品を海外に出して国家に貢献する」ことに賛同しているからこそ、事業に自分を捧げるつもりでニューヨークに来ているのである。村井の案を採用することにし、すぐ行動に移してはいるが、心の奥底では、「卸売がうまくいかない場合」のことも考えていたと思われる。それはともかく、今後は卸売の比重を高めていき、小売の時間と手間を減らすことになった。卸売に最適なブロードウェイ五百四十番地に引っ越すことになったのである。

ブロードウェイは今でこそ劇場街の代名詞になっているが、当時は服飾類の卸売店が軒を並べ、近隣のロード・アンド・テイラーやＢ・アルトマン・アンド・カンパニーのようなデパートに商品を供給していた。そのような小売業者から注文を取るためには、最新の流行と魅力に富んだ商品を店頭に並べ、しかも値段は業者が妥当と思う価格に据え置かなければならない。業者の先にいる購買層の婦人たちの好むものをしっかり把握し、業者にとって利益が大きいと思わせる商品を並べていかなければならない。対象となる顧客がこれまでとは違うのである。今までのように上流階級の婦人だけがターゲットでなく、一般家庭の主婦に愛され、しかも購入しやすい価格であることが条件だった。ブロードウェイへの移転にあたって、豊は博打に出るような心境だった。

事業を拡大する

ブロードウェイは六番街とは異なり、多くの業者が群れをなして行きかっていた。まだイースターが過ぎていないのに、卸売の世界では早くも人びとが秋冬物を物色していた。

モリムラ・ブラザーズ ブロードウェイ539番地の店　1893年（明治26年）頃

事業を拡大するために、豊は一大決心して、一八八三年（明治十六年）ブロードウェイに進出したのである。どうしても成功させなければならない。それなのに今年の景気は今のところぱっとしない。

ニューヨークに残った豊から仕入れのために帰国した村井へ書かれた手紙[4]がある。明治十六年二月二十五日付である。新規に移転する店のことが不安で、頭を悩ましている様子がうかがわれる。

拝啓、今頃は貴下仕入にご盡力中にて、さぞお骨折のこととご推察申し上げます。当地は別段に変れることなく皆無事に行っています。本月十日に五百四十番地に店を引き移し、小生共七人にて日々同店に出張しています。未だ日浅く落ち着きは何ともいえません。従って見本類も充分に揃っていない有り様なれば、確と同店の景気を申し上げることは出来ません。小生、熟察するに、思った程店の商売も増加する様子ではないように思われます。

店のロケーションを変えることは、賭けのようなものだ。考えてみれば、たった一人で始めた店が五、六年経った今、社員も八人になっている。とはいっても六番街で上流階級の婦人を相手に行っていた商売と、卸売中心にして業者を相手にするのとは仕事のやり方が違う。相手はプロの業者だから、双方対等の立場で取引をし、戦略を練って先方を納得させなければならない。何よりも大切なのは、こちらも充分儲けが出るように商談を巧みに運ばなければならない。豊の頭にはいつも数字が並んでいた。手紙の続きには、次のようにある。

只今、小売、日々百三十～四十弗より二百弗位あります。もっとも直段〔値段〕は見切りにて随分安く売るものもあります。右の如き商売なれば、五月一日迄引き続かんとも考えていますが、然る時は同店を元の通りに直すに三百弗程もかかり、且つ五月一日迄には不残元の如く致さねばならず、四月中頃より「フシン」等にかかる時は、商売にも差し支え、尚、三月二十六日に引き移る時は、跡は何もかまわんでよき約束にて右の如く取り決めております。

新規の店をブロードウェイに開店することに決めたものの、六番街の店もまだ引き払っていない。村井が留守の間、相談する相手もなくすべてが豊の双肩にかかっている。引っ越しはしたものの、この決断が正しいかどうか不安で仕方がない。東京に相談したくてもすぐに返事が来るわけではない。一ヵ月先にはどのようになっているだろうか。卸売中心の品揃えに変えていく予定だが、商品もまだ届いていない。モリムラ・ブラザーズは、ここで新たな顧客を勝ちとることができるかどうか。豊はハムレットの心境だった。彼の手紙は続く。

東京本店長にも申しましたが、仕入はなるたけ用心をして、なるたけ沢山仕入ると云うことを目的にするより、仕入高は少なくとも、なるたけ捌け口の良き品物類をチョコチョコ仕入れ、余り残品が多くできないようにしたく、これは申上げずともご存じですが、尚ご注意の程お願い申し上げます……。

「仕入高は少なくとも、捌け口の良い品物をチョコチョコ仕入れる」ほうがいいように思うがどうだろうかと、豊は村井に尋ねている。一店員に過ぎない村井だが、状況を読み取る能力があるので、豊の信頼は厚く、右腕の如く活躍している。日々の小売の売り上げが二百ドル位ということは、月に五千ドル位あり、収益は順調に伸展している。日本円に換算すれば五千円位である。たった三千円でスタートした森村組は今や毎月五千円の収入がある。手紙からわかるように、豊は数字に明るく、極めて明晰に判断し、念には念を入れて行動する。ブロードウェイに移転してから村井の提案した卸売が順調に進捗し、小売と違って費用対効果があり、費やした時間に対して大量の予約を取ることができた。おかげで営業成績は一段と向上した。

ニューヨークが活況を帯びてくると、東京の森村組も商品の取り扱い分野が拡大し、従来の銀座新肴町の店舗では手狭になったため、一八八四年（明治十七年）、京橋の木挽町（現在の築地五丁目あたり）に本店を移した。敷地百五十坪に赤レンガの瀟洒な家屋を建設した。

一八八五年（明治十八年）には神戸出張所を栄町に開設し、さらにこれを三宮に移転し、神戸支店に昇格させた。この神戸支店は、広瀬実栄が支店長になり、その後の森村組社員を育成することになる。神戸は、関西地方の商品の集積地になり、陶磁器以外の輸出品を調達して出荷した。十九世紀末には、一時久原《くはら》房之助（日立鉱山の創立者）も倉庫番として働いていた。このように神戸は社員教育をする森村組の重要な支店であった。

一八九〇年（明治二十三年）には京都出張所を支店に昇格させた。京都には九谷や有田の窯元で修業をした画工が集まっていた。瀬戸で作られた素地は、京都の画付工場に運ばれ、伝統的な技術を活かして一点一点手描きで仕上げられた。

さらに、名古屋鍛冶屋町に新たな店を開設した。名古屋は素地を生産する瀬戸に近く、市内に大小三十を数える画付工場があり、東京や京都とは異なる意匠の陶器を生産した。特に、熱田港が控えていたから商品の積み出しに便利で、後年、名古屋が陶磁器輸出の一大拠点になるのである。

このように急成長を遂げることができたのは、アメリカ的な販売方法を採り入れたからである。ボストンのジョーダン・マーシュのようなデパートから、また、ウールワース・ファイヴセント・テンセント・ストアのようなチェーン・ストアから大量注文が来るようになり、時間的にも空間的にも広域販売の道が開けたのである。

ジョーダン・マーシュは卸売中心から小売も始めた老舗のデパートで、ニューイングランド一帯の大小デパートと提携し、路面電車で顧客を呼び込み、デパート内で料理教室、ファッションショー、展示会などを行った。他方、ウールワースはいわゆる均一雑貨店のチェーンで、今日の量販店に匹敵するかもしれない。いずれも顧客サービスを大切にしている。その点でモリムラ・ブラザーズの営業方針と一致していた。アメリカの業界からこのように絶大な信用を得るに至った最大の理由は、「森村豊氏の強烈なる精神の徹底にほかならない」[5]と、森村組に勤務していた伊勢本一郎（後の日本陶器支配人）は『陶芸振興の核心』（技報堂、昭和三十二年）の中で証言している。ニューヨークへ進出した日本の貿易業者が次々に撤退する中で、モリムラ・ブラザーズは新物の工芸品の卸売を中心にし、中産階級の人びとをターゲットに、大量に売り捌くという積極的な経営体制を整えたのである。

結婚の季節

一八八〇年半ばが近づき、豊、村井、新井も三十代の壮年期に入ろうとしていた。そろそろ身を固めることを考えなければならない。一八八四年（明治十七年）、豊は一時帰国した折に、市太郎と画策し、福澤先生に話をして、新井の結婚話を取り付けた。相手は慶應義塾出身の内務官僚、牛場卓蔵の令嬢、田鶴子である。田鶴子は東洋英和女学校で洋風の教育を受け、英語を学んだ聡明な女性で、これからアメリカで生活していくことに何の不安もなかった。新井と田鶴子は翌年東京で盛大な結婚式を挙げた。

この当時、豊、村井、新井の三人は西九丁目のダッドレー夫人の処に下宿していた。夫人は日本人だからといって毛嫌いしないので、日本領事館の人たちもここに止宿していた。そこへ手伝いに来ていたダッドレー夫人の妹がいた。父親がニューイングランドで牧師をしている人の娘で、名をキャロライン・ベイリー（一八五五－一九三六）という。聡明で、浮わついたところのない女性だった。

村井は前年の帰朝の折、福澤から「君ももはや年頃であり、アメリカで事業に邁進する立場にあるのだから、アメリカの女性と結婚してはどうだろうか」と熱心に勧められた。[6]一八八六年（明治十九年）、村井はキャロラインと結婚することになった。翌年、二人は新婚旅行をかねて日本へ行った。

豊はと言えば、一八八五年（明治十八年）、一時帰国した折に話がまとまり、小畑美稲《うましね》の長女、鹿衛《しかえ》（一八六八－一九二九）と結婚することになった。豊の死後、鹿衛が分家を切り回すことになるので、小畑家を紹介しておこう。

小畑美稲は、幕末の土佐藩士で、尊王攘夷を掲げて武市半平太が結成した土佐勤王党に加盟する。土佐勤王党は土佐の一大勢力になり、小畑も同志と共に国事に奔走したが、武市が時の参政吉田東洋を暗殺したことから、小畑も一八六三年（文久三年）、「勤王党の獄」で捕らえられた。維新後に赦免され、新政府に仕えることになった。鹿衛はそんな空気の中で、一八六八年（明治元年）、高知旧城西袋町（現高知市上町一丁目）で生まれている。五歳年下に小畑家の長男大太郎がいた。彼は十五銀行取締役で後に貴族院議員になっている。美稲の三男、巌三郎は、陸軍少将、四男の敏四郎は、陸軍中将だった。今日の森村家分家が単なる商人でないのは小畑家の血が流れているからだろう。

豊は仕事が順調で、経済的にも安定し、人物としても人間味があった。二人は一八八六年結婚し、しばらく木挽町の森村組本店の隣に住居を構えた。

商人の生活がどういうものか知らなかった鹿衛にとって毎日が驚きだった。近所に芸者置屋や長唄・清元の師匠の家があり、チントンシャンという三味線の音を聞きながら生活した。敷地内には森村組の番頭や使用人が住み込み、豊が留守の間も奥様のご機嫌伺いに毎日馳せ参じる。士族の倹《つま》しい生活から金銭的には恵まれた商家の生活になったが、鹿衛は持ち前の几帳面さから、極めて堅実に一家を取り仕切った。彼女の「几帳面さは豊の几帳面さによってなお一層の磨きをかけられたもの[7]」とも言われていた。鹿衛は男だったら「定めし立派な会社の専務だろう」と後年子供たちがよく冗談で話し合ったほどだ。豊にとっては思いやりのあるよき伴侶であり、家族にとっては愛情深い母であった。

　彼女は自分の名前が猛々しいことを嫌って、手紙にはいつも「鹿枝」としたためた。鹿衛という名は、父親の小畑美稲が尊敬していた武市半平太の幼名からつけられたのに違いない。どんな運命が待ち受けていても、土佐藩士の娘として果敢に人生を全うせよという父の願いが込められていたのだろう。

　結婚したとき豊は三十二歳、鹿衛は十八歳であった。豊は「男は裕福だろうが貧しかろうが、三十歳になる前に結婚するべきではない[8]」と思っていたらしい。ニューヨーク・トリビューン紙のインタビューでそう答えている。その通りになったのは、ニューヨークで仕事に明け暮れていたことを考えると、説明がつくであろう。結婚後は毎年帰国し、三男四女を儲けたが、その内一男二女が成人した。

　豊は毎年帰国したものの、留守を守る鹿衛にとっては寂しい結婚生活だったかもしれない。十三年間、一年と一緒にいたことがなかった。鹿衛は豊同様に律義で辛抱強い明治の婦人だったから、豊亡き後も一人で一男二女を無事に育て上げた。

実践的な新しがり屋

森村家には新しがり屋の系譜とでも言うべき血が流れている。商人の家のせいだろうか、新技術や発明、ちょっと目先の変わった商品や流行に触れるとすぐにのぼせてあきれるほど大胆に、でもそれなりに実践的に事業にしてしまうのである。時代は下るが、豊の息子のことにも触れておきたい。

豊の息子、森村勇（一八九七―一九八〇）は、森村家の新しがり屋の気質を最も色濃く受け継いだ一人だろう。父なし子として育った勇は、大正末期に就職先の富士瓦斯紡績に毎朝真っ赤なオートバイに乗って通勤したそうである。ナンバープレートが東京で二番のオートバイであった。そんな勇が、飛びついたのが飛行機である。留学先のハーバード大学でたまたま山本五十六と同窓になっているのだが、後の海軍大将からずいぶん飛行機の魅力を聞かされたらしい。勇はすっかり飛行機にとり憑かれてしまって、昭和になって航空事業を起こすまでになる。昭和十四年にニューヨークから横浜まで、日米両国の定期航空路を利用して太平洋を横断した初めての日本人になっている。この「偉業」は新聞に取り上げられ、巷の大きな話題になった。勇がそのときの感慨を『東京朝日新聞』（昭和十四年九月十日〜十四日）に寄稿しているので、読んでみよう。

ニューヨーク出発後二時間程は天気具合も良かったが、その後運悪く暴風に出遭い、オマハ付近では時速四十哩の逆風、ダグラス機は一時間に百二十哩しか進まない。かなり甚しく揺れはじめた。あまり揺れ方が激しいので、とても景色を観賞するどころの話ではなかった。北サンフランシスコの汎アメリカン航空会社からも「急げ、急げ」の電報が来る。パイロットも自分の座席に来て「できるだけ急がせるから心配するな」と慰めてくれる。それはありがたいが、反対に速力を増すため一層揺れ方が激しい。……乗客全員、酔っている。自分はまだ前途に横たわる困難に対する緊張と、皇軍勇士のご苦労を考えれば、こんなことでへたばってなるものかと、頑張り通した。……森村豊の子の自分が、今度の企てを実行する運命を持つようになった。そこに、何か因縁があるのではなかろうかとも考えてみた。と同時に、父は米船の三等室にぶち込まれて、数十日間を苦しんでこの太平洋を越えたのに、今の自分はわずか数日のうちに渡り終える予定。何だか相すまぬような気がしてならなかった。[9]

新しがり屋の心にはいつも未知の世界に触れる喜びと不安が渦巻いている。飛行機は暴風の中で、木の葉のように舞ったのだろう。勇は、苦しくてへたばりそうになり、神仏の代わりに「皇軍の勇士」、そしてその次に父を想起している。「森村豊の子の自分が」というところが面白い。おそらく、鹿衛が豊の太平洋横断がどんなにたいへんだったか、何度も息子の勇に話して聞かせたのだろう。勇は父に恥ずかしくない人間になろうとして、新しい世界に飛び込んだのだろう。父の残した遺産に安住することを潔しとしなかったようだ。豊が未知の事業に敢然と突き進んだように、ゼロから出発して、自分の道を切り拓こうとした。飛行機がごく普通の乗り物になってしまった今日からは想像もつかないが、当時の太平洋横断には決死の覚悟が必要だったのだろう。それにしても、「森村豊の子の自分が」は、大袈裟で笑いを誘う。しかし、ここに森村家の新しがり屋がどんな性格のものだったかが垣間見える。そして夫を失った鹿衛は森村家の精神をどんな風に息子に叩き込んだかがうかがわれるのである。ただ、勇は後に全日空の社長になったとはいえ、父のように新しい事業を兄と共に単独で起こしたわけではない。そう考えると、森村市太郎と豊の成し遂げたことの大きさが改めて感じられるのである。ニューヨークで、まだどんな成功のモデルもない時代に豊は新しいものを大胆に求めながらも、的確に判断する冷静さも併せ持っていた。豊には一途に一つの道を突進するところがある。ニューヨークに在住していたが、アメリカ人の女性と結婚して合衆国の人間になるつもりはなく、いずれ日本に戻り、幸せな家庭を築くつもりだったのだろう。その証拠に、毎年鹿衛のところに戻って、七人の子供を作っている。そのうち成人したのは三人だけだったが、そこには豊の強い意思が感じられるのである。

しかし、共に独創的で、共に仲良く連携した市太郎と豊だが、二人の性格はそれなりに違っていたようである。勇は、対照的な二人について語っている。一九六九年のダイヤモンド社のインタビュー[10]に、次のような証言がある。「市太郎は非常に柔軟性があったが、豊は全く正反対だった。市太郎は、それまで考えていたことと違った方向に百八十度転換して決断することができた。たとえば、宗教の問題」。

市太郎は、七十二、三歳までは熱心な仏教信者だった。高野山出身の高僧、釈雲照の影響を受けて、高輪の邸宅の奥に立派な殿堂を建てて、釈和尚が来ると、盛大なもてなしを行っていたそうだ。ところがあるとき、キリスト教の牧師の話を聞いた。仏教と比べてみると、はるかにわかりやすく、なるほどと思った。その途端に仏教を見捨てて、キリスト教に百八十度転換したのである。市太郎はすぐれた商人だったが、同時に思想や宗教への関心も強く、晩年になって改宗したのである。老いても衰えない新しがり屋と言うこともできるかもしれない。そして、実践的な精神の持ち主だったが、それに劣らない宗教心も抱いていたのである。

豊は市太郎の歳まで生きなかったから、単純に比較はできないが、四十五歳で亡くなるまで森村家の慣習に倣って生きた。元禄時代から一家は真言宗智山派浅草龍福院の檀家だった。豊はニューヨークに渡った二十二歳から西欧のキリスト教文化に晒されていたのだから、改宗してもおかしくなかった。宗教色が強いアメリカ人の家庭に出入りしていたわけで、村井の妻になったキャロラインの父親は牧師で、ニューイングランドの彼の家にたびたび泊まりがけで遊びに行っている。現地のアメリカ人とそこまで交流があったことから推量すると、豊の方がキリスト教に関心を持ってもおかしくなかったのである。しかし、豊は外国の思想やライフスタイルに自らかぶれることはなかった。自分の進む道を大きく変えることはしないで、彼には一途なところがあって、また同時に何がしか封建的な忠義心が強く、一度方向を定められると、それをそのまま受け入れて、批判したり、反抗するようなことはなかった。ものごとを素直に肯定的に捉え、引き受けたことは、最後まで自分で責任を持つ。そしてその中で裁量するというのが豊のやり方だった。豊は、森村家への忠誠心をどこに行こうとも捨てず、思想的な葛藤に陥ることなく、鹿衛が守ってくれている東京の家に毎年戻ってきていた。しかし、それは豊に独立心がないということではなかった。

　これには福澤諭吉の影響もあるだろう。独立自尊で、人任せにはせず、常に自律するよう努めていた。森村家の本家は兄が継ぐのだから、自分は分家をしっかりしたものにしようと思っていたのだろう。そうした豊の精神のあり方を伝えてくれる小さなエピソードがある。慶應義塾を卒業し、母校の助教になって、初めて給料をもらったときに、「兄さん、今日から僕は自分で生活します」とさも満足気に言ったそうである。豊は古い家の観念の信奉者だったが、その中で、経済的には兄の世話にならないような独立した家庭の基礎を作ろうとしていたに違いない。

新しがり屋は豊の子孫にも少なからずいるが、こと宗教や思想に関しては、熱狂的な信者になるような人は現れていない。もしかしたら神よりも科学や医学の進歩の方を信じていた豊の遺伝子が子孫に受け継がれているのかもしれない。

ブロードウェイへ進出

話をニューヨークに戻そう。新井と村井はそれぞれ結婚し、新妻と共にニューヨークで生活するようになる。おそらく、二人にはアメリカに骨を埋める覚悟ができていたのではないだろうか。結婚十年目に、コネティカット州のリヴァーサイドにそれぞれ自宅を新築している。新井の妻田鶴子は、二人の子供を育てながら、近隣に住む婦人たちに生け花や茶の湯のデモンストレーションを行った。

村井も新井家の隣に家を作り、キャロラインと共に移り住んだ。以後、リヴァーサイドは恰好の「日米交流」の舞台になった。

新井と村井の新居には、日本からの知人や会社の関係者がたえず訪れ、ハイシーズンにはここを拠点にして、水泳、ボート漕ぎ、潮干狩りに出かけることができた。テニス・コートや玉突き台も備わっていたので、余暇をもてあますことはなかった。ハル・ライシャワー夫人（新井領一郎令孫）の証言[11]によれば、来客がない静かな日には新井と村井はしばしば碁を打っていたそうだ。

豊はマンハッタンで下宿生活を続けながら、しばしば村井の邸宅で居候をしていたようだ。豊の寄留先として村井の住所が挙がっている。

豊はニューヨークで全く無名だったわけではなかった。モリムラ・ブラザーズがブロードウェイに進出したことは、ニューヨークの新聞で報道されている。一八八九年のニューヨーク・タイムズ紙に、「モリムラ・ブラザーズの人たちは日本人だが、まるでアメリカ人のような服装に身を包み、アメリカ人と同じような話し方をし、ニューヨークの上流社会に溶け込もうとしている」と書かれている。

豊は、しばらくブロードウェイ五百四十番地に卸店を構えていたが、ある日、同じブロードウェイの斜め向かいにある一階の店舗が譲渡先を探していることを知った。そこで思い切って移転することにした。五百三十七番地と五百三十九番地に位置する間口二十メートルの立派な店舗で、カーストアイアン（鋳鉄）の窓枠とガラスを多用した最新流行のビルである。

ニューヨークの建築史に詳しいトム・ミラー氏は、「このあたりは手描きの扇子やシルクのキモノ、日本の骨董品などを買いに来る客が多く、向かいにあったモリムラ・ブラザーズという商店が五百三十九番地に引っ越してきた。驚くほど繁昌している店である。さらに驚いたのは、店の人たちは日本人なのに、この地域に同化しようとしているのである」とコメントしている[12]。

こうした報道からわかることは、豊や村井はエキゾチックな日本を売り込むより、自らアメリカに同化し、なおかつ対等に商売するという意気込みが強かったのだろう。アメリカ西海岸に移住し、現地のアメリカ人たちとは別に、独自の世界に閉じこもり、日本人コミュニティを構成していた人たちとは異なった立ち位置を示している。

豊の店から数ブロック上ったところにいわゆる「レディース・マイル」という地区がある。六番街とパーク・アヴェニューに挟まれた、十五丁目から二十四丁目あたりで、ブロードウェイはその地区を斜めに横切っている。

「レディース・マイル」と言われたのは、紳士の付き添いなしで、婦人が買い物をできるほど治安が悪くないショッピング街だったからである。五、六階建てのファッショナブルなビルやロフトが並び、十九世紀後半には、ニューヨークで最も繁栄しているシックな地区だった。高級デパートや服飾店のほかにも上流階級の婦人たちが好むおしゃれなレストラン、本屋や出版業者、ピアノや楽器のショールームなどが並んでいた。さらに当時はメトロポリタン美術館も五番街十四丁目にあった。そのため、裕福な婦人たちは着飾ってこの区域を訪れ、最先端の流行と文化がここから創られた。芸術家のパトロンとして名高いイザベラ・スチュアート・ガードナーや女優のリリアン・ラッセルなどもしばしば訪れて買い物を楽しんだようだ。流行の先取りを課題にしていたモリムラ・ブラザーズは、そういう地区を横目で睨みながら、いくらか背伸びをし、この地区の小売店から注文が来るように商品を卸そうと努めていた。最新の流行を作ること、つまりレディース・マイルに顧客を持つことが、ニューヨークでの成功の鍵を握っていたのである。

豊はこの界隈を気取って歩いていたに違いない。ブロードウェイのフォトスタジオで撮った豊の写真は数枚あるが、いつも正装して、身を斜めに構えている。全身の写真では、足を組むポーズをとっている。アメリカ人の仕草をまねしているのだろうか。日本人と見くびられることを必死に回避しようとしていたのだろう。小柄だったので、若く見られることに引け目を感じたのか、この頃から口髭をはやしている。そういう服装でアメリカ人になったつもりになり、アスターハウスに行ったり、クーパー・インスティテュートで玉突きをしたり、裕福なアメリカ人と対等に交遊するように努力していた。それは森村家に代々あるみえっぱりの気質の表れなのかもしれない。

市太郎への手紙

明治時代の実業家がどのように起業したか調べてみると、兄弟で事業を始めたケースはあまり多くない。西洋では、映写機を発明したリュミエール兄弟とか動力飛行機の製作に成功したライト兄弟のように、兄弟が協力し合って事業を起こしたケースがある。なぜ日本では少なかったのだろうか。

市太郎と豊は一つの目的のために事業を起こした。海外に流出した金を貿易で取り戻し、日本を西洋に劣らぬ豊かな国にするためだった。兄弟で日米貿易の草分けになって、協力し合うことができたのは、うまく役割分担ができたからだろう。二人はお互いを必要としていたのである。

市太郎が海外貿易を始める決心をしたとき、豊は十一歳の少年だった。市太郎は十五歳年長だから、すでに父親のような立場にあった。しかし、彼は高圧的になることなく、まず豊の意思を尋ねた。「英語を覚えて、外国へ行って商売をしてくれるか」と尋ねると、豊は「兄さんのために喜んで致します」と答えている。兄はあくまで弟の自由な意思を尊重したのである。その頃、「外国へ行け」ということは生きて帰れるかどうかすらままならない冒険に出ることだったはずだ。豊は兄に従順であったが、それは兄弟の間に森村家としてしなければならない目的が優先されていたからである。彼には自己犠牲の意味がわかっていた。そして、兄弟の間で自由に意見を述べることも許されていた。

豊はいつも率直にニューヨークの現状を兄に報告し、兄も忌憚なく願望なり提案なりをしている。ここに豊の性格をよく表している書簡[13]がある。一八八四年（明治十七年）十月二十三日、豊がニューヨークへ帰ったときに村井から留守中の報告を受け、東京の兄に書き送ったものである。

拝呈、仕かませり候、さて到着後、未だ充分に時を得ず、帳面等も調べておりませんが、留守中格別不都合もなかったように見受けられます。但し、足助（足助太郎、モリムラ・ブラザーズ社員）に於て少々不都合があり、此の処分に付いて只今考慮中です。何れ決定しましたら改めて申し上げます。菊蔵（清原菊蔵、モリムラ・ブラザーズ社員〕は相変わらず大役者で、甚だ役に立ったそうです。留守中の骨折の賞として、村井へ百弗、菊蔵へ二十五弗、乙治郎へ五弗、西洋人荷詰方へ十弗遣わすよう申しました。村井は随分骨を折って勉強した様に聞きました。

村井は、豊の留守中に起こったことを一部始終話すことにしている。日誌のごとく社員一人ひとりの行動や失敗が書き記されているので、仕事のバトンタッチも綿密に行われる。豊はそれをいちいち東京の兄に報告する。この几帳面さが、東京とニューヨークと離れていても、誤解を招かず、一を伝えれば、十を理解する兄弟の連携の基になっている。豊は仕事が面倒くさいと思うことはなかった。それが自分の義務であり、真剣に取り組んでいる。社員に要求することは多かったが、謝意を表すことも忘れていない。豊の寛大なところである。こういう関係が築かれていたので、豊の采配には市太郎も全面的な信頼を置いていた。

そのあと、ニューヨークの商況は極めて不印《ふじるし》（不景気）で、特に日本商店は商品の選択次第で売れ行きが決まるとしている。以下は、手紙の続きである。

然るに幸福なる哉、我々の商売は嘆く方で無く、先づ本年九月中迄の売上高を昨年の同月の高に比すれば、二万五千弗余の増加分があります。併し入費は昨年と同様位ですが、昨年は引越の入費がありましたので、それだけ本年の分よりは余計に掛っております。売捌く直段は従前と同様ですが、洋銀が一円五十銭するも、また一円するも、当地に於ては、少しも違いません。向き品が届いたときは上直を得、其他は従前の通り。同様にして決して直段を上げるなぞと申すことはできません。ですから、従前の品を注文する時は、儲けも前回の直段と同じです。

モリムラ・ブラザーズは売り上げが昨年の同月に比べて二万五千ドルも増加しているとある。しかし、豊は「念には念を入れる」性格だから、いつでも経費を差し引いた残りの純益の中から社員に報奨金を出すようにしていた。

当見世の儀、来年一月より持主普請を始め、只今の見世を大きく致し、店賃も七千五百弗に致すとのことです。只今は四千二百五十弗払っております。よって恐らく来年一月末に引っ越す積りにしております。

ブロードウェイに進出して、八人の社員でここまで切り回してきている。さらに店を大きくするということだ。豊は絶大なる信頼を兄に寄せているから忌憚なく意見を書いている。他方、兄は〈米状神聖〉と称して、豊の要求は何としてでも叶えてやらなければならないという信念を持っていた。双方に相手を立てる協調の精神があった。

モリムラ・ブラザーズの商品はすでに述べたように、骨董品の取り扱いは少なくなり、室内装飾品が中心になってきている。そこで市太郎らは麦藁紐〔を使用した織物または敷物〕を扱ってはどうかと尋ねてきた。豊はさっそく調査をし、結果を報告している。

> 麦藁紐のことは気にかかっていますが、当地の専門商に問い合わせたところ、何分にも直段が高すぎるので不都合の由、また今まで調べたところでは余り儲からぬものの様子です。当店の有り様を考えてみるに、仕事の仕組みに至って貴地とは丸で違い、万事のことが、支配する只一人の頭から来るゆえ、本業すら不行き届きがちなる故、なかなか他の仕事にかかわることはできません。麦藁紐はまずしばらく置いて本業の方に力を入れる方が得策かと思います。

その頃日本の輸出品として麦藁を使用した敷物、カーペットやマットがアメリカで人気があった。十九世紀の終わりには輸出品としてもかなりの収益をもたらしていた。しかし、豊は敷物のような扱ったことのない商品の販売を始めるには相当な覚悟が要ると思った。兄の提案を断るには、それなりの理由が必要なのである。兄の気持ちをおもんぱかるが、自分にはできないこともある。「万事のことが、支配する只一人の頭から来る」ということを理解してもらわなければならない。ニューヨークの会社は、結局豊一人で切り回していると言っても過言でない。すべての責任は彼にあるのだ。新規のことに手を付けるのは早いという意見は、豊がいかに慎重で、何ごとも手を抜いては行わないという姿勢を表している。

手紙の中で、豊は、広瀬実光（一八七四-一九五五）をニューヨークに送ってはどうかという兄の質問に答えている。

> それに付き小生の考左に申上げます。当店にて今一人信用の置ける、且つ村井氏くらい役に立つ者を要することは山々です。或はそれほど商売の方に役に立た無くとも、帳場廻しの取締を致し、内務仕事の助けを致すと云ふ様な「信用の置ける」人があるときは、之も支店にて要することです。廣瀬氏、当地へ来ての仕事は何が一番適して居るだろうと考えた処で、先づ先生が当支店の帳場を握って呉たなれば、是こそ最も

適当であります。また、当店にても要し、そのような人物が帳場に在ることは小生の最も祈望するところであります。また、今一の点より考えて見ても、小生に何時、何事のことが有るまいもので無し、若し左様の時は本店〔当時はニューヨークが本店だった〕に一人信用の置ける人物にて、当地へ参っても少々仕事が出来るとか、或いは帳場位を握ることが出来る人を本店に備へ置くことこそ誠に望ましけれ。

豊は、広瀬の渡米には賛成である。彼にどういう仕事をしてもらいたいかを具体的に述べている。豊の希望は短期的なものでなく、将来のモリムラ・ブラザーズはどうあるべきかまで想定している。だからこそ「小生に、何時、何事のことが有るまいもので無し」と言っている。彼がふとそう思うほど、この仕事は危険をはらんでいる。豊は死んでもいい覚悟でニューヨークに来たのだ。十一歳のとき兄に約束したことからぶれていない。

豊と市太郎の間では言いたいことを言い合っている。森村組では「直言主義」を大切にしていたからである。市太郎は明治三十八年に名古屋ホテルで森村組の社員に向けて演説を行い、次のように言っている。「直言をしないで陰口ばかりのところでは決して事業は成功しません。普通の人は皆心にもないお世辞をつかい、ウソをついております。それほどでないにせよ、面前で悪口はせぬが常であります」[14]。直言しない人に限って親切とか忠義とかいうような考えはないのである。「正直、親切、忠義」の人でなければ直言はできないと考え、直言ができるからこそ森村組は成功しているのである。

卸売から約売へ広げる

さて、モリムラ・ブラザーズの卸売もようやく軌道に乗った。しかし、それだけでは今後の販路が確約されたとは言えない。一八八五年（明治十八年）には大口の顧客に対し、インポート・オーダー（約売注文）を開始した。

インポート・オーダーというのはセールスマンが見本帖を持ち歩き、担当区域のデパートやチェーン・ストアから新作の注文を取り付ける方法である。商品は半年から一年後に荷渡しをする条件なので、価格も普通の卸値より一割ないし、二割五分安く受注する。

アメリカではその頃、シアーズ（後のシアーズ・ローバック）という会社が交通不便な地域までカタログを郵送し、顧客が選択した商品を郵便で送付するという新しい販売方法を始めていた。いわゆる通信販売である。

モリムラ・ブラザーズはカタログを郵送する代わりにセールスマンを地方都市に送った。彼らは見本帖を持ち歩き、担当地域の顧客はどのような商品を好むかを調査し、売れ筋と思われるものを大量に発注するようにした。ニューヨーク店で販売を担当するストア・セールスマンに対して彼らはトラベリング・セールスマンと呼ばれた。トラベリング・セールスマンは小売業者からの注文を現地で集計し、受注票を直接日本へ送る。日本では該当する製造元へ振り分け、注文が工場に届くや否や生産を開始するように計らった。商品は完成すると船便で直接販売業者に送られる。そのため、ニューヨークでは在庫の管理が不要になり、太平洋を跨いでの流通システムが合理化された。そういう有能なセールスマンを育てたのは、ニューヨークの幹部たちだった。

この方法は、受注の際に販売先が決定するので、小売よりも運転資金の回転が速い。大口の受注があるため店売や卸売に比べて人手を要さず、経費が安くつく。さらに、日本国内での取引量が大きくなるので輸出業者としての利幅も大きくなる。予想した以上の効果があった。インポート・オーダーはこうしてアメリカ全土に広がった[15]。

カタログによる通信販売は一方通行であるが、トラベリング・セールスマンは全国を歩き、それぞれの地方の生の声を吸い上げ、その後の商品開発に顧客の意見を反映させることができる。顧客の嗜好は、のどかな田園地帯を好むものもあれば、水辺の風景に魅せられるものもあり、農村地域での販売の可能性が広がった。都市でも地方によって、生活様式や風俗習慣が異なっている。モリムラ・ブラザーズは、全国を駆け巡るセールスマンが収集した顧客の要望を第一と考え、情報の管理に当たった。こういう徹底した情報収集の甲斐があって、販売業績が向上し、予想をはるかに超える発展を遂げることができたのである。

マーケティングには、フィードバックがいかに重要であるかがわかる。顧客の嗜好に合わせた図柄や色合いを忠実に再現した商品が大いに成功を収めたのである。これらの商品群は後にファンシーウェアと呼ばれるようになる。それは、図柄のテーマが、総じて空想に富んでいて、豪華でカラフルな色合いが愛らしい魅力を湛えていたからである。森村商事株式会社の資料室に残されている当時の森村組『輸出送状綴込』を見ると、確かに「ファンシー」という言葉が度々出てくる。おそらくファンシーウェアという呼称はそこから生まれたのだろう。

大都市で評判になる図柄と農村地帯で好まれる図柄はおのずから違うが、いずれも頬ずりしたくなるような魅力に富んでいて、婦人たちをとりこにした。総じて図柄は多様性に富んでいるが、只一つ特徴的なことがあった。どこかヨーロッパを思わせる雰囲気があるのである。モリムラ・ブラザーズはこのようなファンシーウェアを大量に製造・販売するようになるのである。

ファンシーウェアには、主に部屋の装飾のための花瓶や水差しなどがあり、また、パーティーの際使用されるコーヒーセットやチョコレートセットがあった。ようやく把っ手のついたコーヒーカップが自由に作れるようになっていた。ミルクピッチャー、シュガーポット、コーヒーポットの三点セットやカップとソーサーを揃えた六人具を売り出すと爆発的な人気を博した。想像を絶する大盛況で、問屋やデパートの間で競争になったのである。商品の素地は純白でないが、図柄は西洋風を模したもので、本場ヨーロッパからの輸入品に比べると品質的には劣るが、廉価であることが功を奏して、幅広い顧客を開拓したのである。日本の伝統的な図柄を廃して、ヨーロッパ風の意匠を追求したことは、後にニューヨーク店に意匠図案部が創設される元になった。

インポート・オーダーを始めたことで、ニューヨークの店売の在庫品の中から商品を選定するのと違って、業者はデザイン画を見るだけで商品を大量に注文するようになった。ニューヨーク店はストックを持たないが、膨大な見本があるので選択肢が広がり、小売業者はそれぞれの顧客を勘案して、より売れ筋の商品を選定することができた。インポート・オーダーを導入したことと、セールスマンの巡回範囲を北米大陸全体に拡大したことは、豊や村井を中心とするニューヨーク店の最大の功績だった。

ヨーロッパの人道主義

一八八九年（明治二十二年）市太郎は再度渡米し、ニューヨークで豊と合流した。その後二人は渡仏し、一八八九年春からパリで始まったフランス革命百年記念万国博覧会を見物する。この博覧会の目玉の一つは、コンペティションによって建設されたエッフェル塔だった。硬い鋼鉄で作られているにもかかわらず、基礎部分から塔の上部に向かって四本の鉄塔が曲線を描いており、稜線は眼下に広がる幾何学的な庭園のシャン・ド・マルスと良い対照をなしている。二人は尖塔を仰ぎ見たり、展望台に昇って眼下にパリの光景を楽しんだりしたに違いない。しかし、現実に戻った二人をとりこにしたのは、会場に並べられた陶磁器類であった。ヨーロッパの純白硬質の素地に施された優雅な画付けの食器類には驚嘆した。その気品をたたえた美しさも語りかけるような愛らしさも日本では見たこともないものだった。これに追いつかなければならない、これを模倣しなければならない、これを凌駕しなければならない。国際商戦に打ち勝つことは生易しいことではない。

ヨーロッパの商品が、どのような場所で、どのような過程を経て製造されているかを知らなければならないと、二人は思う。その当時、東京深川で森村組の陶磁器の画付けを担当していた瓢池園という画付工場主の息子、河原太郎がパリに留学していた。市太郎と豊は彼の案内でパリ郊外のショワジールロワ[16]にあるブーランジェ社の製陶工場を見学することができた。同工場では数百人の職人が働いており、機械を使って合理的な作業が行われていた。敷地内には小・中学校から託児所、幼稚園、教会、病院などがあり、職員の福利厚生に充分な配慮が払われていた。[17]そのとき、市太郎と豊は将来工場を新設し、素焼きから画付けまでの工程を同一箇所で行い、完成した商品に森村組の屋号をつけて輸出するという壮大な構想を描く。それは、一九〇四年（明治三十七年）になって、名古屋に日本陶器合名会社を設立という形で実現することになるのである。

市太郎はヨーロッパで「学問が発達し、国が富んでいるところでは、国民自身が、たいへんな修養を積んで、そこまで自分を研きあげている[18]」と感心している。教育と財源が揃うと、人間は自助努力をする傾向があり、家庭でも、会社でも、自然に良い方向へ進んで行くと考えていたようである。市太郎はやや理想主義的なところがあるが、それは、彼が育った江戸の町人社会では、手付金とか証書の取り交わしなどが不要であると信じていたからかもしれない。ヨーロッパを見聞し、その考えはますます強くなったと思われる。

豊は、伝統的な日本の土壌とは異なる新世界で暮らしていたから、ヨーロッパを訪問してどのように思ったか尋ねてみたい気がする。ニューヨークは契約社会で、出自や宗教に関係なく、使用人を平等に扱い、売上高という数値によって社員を評価している。ヨーロッパとは違う成果主義がまかり通る。無論、貿易業と製造業とは会社のあり方が根本的に違うが、モリムラ・ブラザーズでは社員を相対的に評価することはなく、アメリカ人であれ、日本人であれ、プロフェッショナルに徹することを評価している。その結果、現場主義に徹し、営業成績の良い社員は優遇されている。豊が留守中の様子を兄に報告するときにも社員の営業成績を重視している。『森村百年史』には、幹部と社員が致命的な対立を起こしたり、労働争議になったりした話は書かれていない。豊のやり方には「郷に入っては郷に従え」があったのかもしれないが、ニューヨーク流の折衷主義だったに違いない。豊が生前に雇用したアメリカ人社員が日本的な終身雇用に満足していた実態も報告されている。

　豊はチャールズ・カイザーという有能な社員を関西貿易から引き抜いている。何事にも慎重な豊は、カイザーの経歴や評判を徹底的に調査し、取引相手にまで会いに行き、身辺調査を行った。カイザーは、ライバル会社の関西貿易で簿記方をしていたのだが、面接をしてみると、どうもセールスマンに向いているように豊は思った。そこで彼をセールスマンとして雇ってみると、果たして思いもかけないほど有能であった。後年、カイザーはモリムラ・ブラザーズの業務全体を統括する重要なポストにつき、戦争でモリムラ・ブラザーズが閉鎖されるまで、四十年にわたり精勤した。豊の「人を見る目」には驚嘆させられる。

市太郎と豊は会社を構成している個々の職員のあり方に関心を持つようになった。ヨーロッパで会社は社員をどのように扱い、社員は会社にどのように忠義を尽くすかを学んだ。こういう問題は、相互理解に基づくもので、モリムラ・ブラザーズが誠意を示せば、社員もまた忠誠を尽くすという結果になったのは幸運だった。

会社の幹部は、社員の個人としての人間的レベルを向上させることが企業の繁栄には必要だと思った。そのために会社は個人に何ができるかを模索していた。イギリスとフランスに滞在したことで、二人は、アメリカとは違う成熟した社会と人道主義に根差した世界に感銘を受けたのかもしれない。市太郎はこんなことを言っている。

> 私は英国人に就いて、常に観察を怠らないが、英国が今日の盛大を致したのは、全くアングロサクソンの人格が、その総てを成した訳で、決して機械の巧妙や、航海に熟練な為ばかりではないと思う。横浜開港の当時から私は外国人と小間物、唐物など

の取引をして来たが、英国人との取引には口約束の外決して何物もいらない。瑞西や、伊太利などとなると、却々英人のような口約束ばかりでは出来ない。値段の高くなって来た時には容易に品物を渡さないとか、又約束の品物よりは劣った品を渡すとか、到底英国商人のような堅い、間違はない取引をしなかった。然るに英国の商品は、例えば一本一円の小刀が十年保てば、一円五十銭の分は必ず十五年保つ、この堅実、的確なやり方が、今日の英国の盛大を来した所以で、即ち英国人の人格の発見が、この光を放ったものと認めている。[19]

市太郎は大局的な観点から人間を観察し、人間レベルの向上が会社にとっても、社会にとってもいかに大事であるかを習得している。それは何よりも教養ある人間を作ることであった。福澤の言う「私徳」を持った人間である。振り返ってみると、イギリスやフランスでの見聞がフィランソロピーという考えを萌芽させることになったのかもしれない。

市太郎と豊は、パリ万国博覧会のついでにサンティチェンヌまで足を延ばしている。それは、若い頃の市太郎にとって恩人であった、元フランス陸軍のデシャルム氏に会うためである。[20] 一八六六年と一八七二年に二度来日し、市太郎に騎兵隊馬具の作り方を教えてくれた人である。

　彼は、日本での業務を終えた後、ロンドン駐在のフランス陸軍武官になった。市太郎と豊が訪ねたときは、ロンドンから帰国し、サンティチェンヌにいた。すでに大将に昇進していた。彼を訪問した日は日曜日だった。大将は略服のまま乗馬でやってきて、市太郎と豊を歓迎し、武器製造所を案内してくれた。彼はそこにいる多くの兵士に向かって、「今日は遊びに来たのであるから、決して遠慮せずに遊んでいてくれ」と言い、兵士もまた、上官である大将が眼前にいることなどは気にせず、いろいろな競技に耽っていた。デシャルムは鉄砲の製造過程について一通り説明してくれたあと、日本の引き窓はとても便利で、自分はここの馬屋に引き窓を設置していると言ってくれた。市太郎は互いの良さを認め合う、彼のフランクな態度に感銘した。これは一例であって、市太郎は行った先々で、人間を育成することの意味を自覚したのだと思われる。

　社会の構成要素である女性を教育することがどんなに大切であるかを教えてくれたのもデシャルムだった。市太郎は、一八七五年（明治八年）、銀座のモリムラ・テーラーの中に「森村女工場」を開設し、女子教育に乗り出している。国家の発展のためには、女子も「読み書き」をする必要がある。女工場は寺子屋式の学校であったようだが、広瀬実栄の妹、美屋子を教師にして裁縫や手芸を教えた。本業が忙しくなったために、あまり長続きしなかったようだが、後に日本女子大学校などに多額の寄付をし、女子教育への思いを具体化したのである。

余談だが、市太郎とデシャルムはその後しばらく文通を続けていたようである。市太郎がデシャルム宛てに一九〇八年に送った仏文の手紙が、南フランスのサロン・ド・プロヴァンスの美術館[21]に保存されていることを、筆者は偶然知った。手紙は森村家の家紋入りの便箋にフランス語でしたためられている。日本海軍がバルチック艦隊を破ったことはヨーロッパでも大きな話題になったようで、市太郎はデシャルムに日露戦争関連の版画をいろいろ集めて、スエズ経由の別便で送ったと述べている。日清戦争の写真は今のところ適当なのがないので、入手次第、郵送すると約束している。このような市太郎の心の大きさ、人間のつながりを大事にするという考え方は森村組―モリムラ・ブラザーズの経営理念に通じていると思われる。

新井が窮地に陥る

すでに見たように、豊と市太郎との関係は、単なる兄弟ではなく、一つの目的のために自分を犠牲にしても協力し合う同志だった。市太郎に言わせると、血縁よりも「友情」の方が大事なのである。一九一九年（大正八年）に発表された会社の経営理念「我社の精神」

には、次のような一項がある。

身を汚すなかれ。朋友は肉身より大切なり。和合共力する功果、金銭などの及ぶ所にあらず。永久の霊友也。

同じ志を持った仲間は何よりも大切で、金銭をもってしても、引き裂くことはできず、終生の友情で結ばれているのである。この言葉の中にも、市太郎が自分たちの事業を成功させるためには、血縁の私的な利害に囚われるのではなく、同じ志を共有し、事業を優先させなければならないと考えていたことがうかがわれる。市太郎と豊の関係は、そういう意味では、仲が良いからこそ、同じ思想を共有し、兄弟を超えて近代的事業にふさわしい倫理的関係に達していたようである。これが社訓になっているから、森村組の後身、現在の森村商事が存続しているのである。

豊と市太郎との関係は、新井を大層羨ましがらせた。新井も実兄の星野長太郎と共同で生糸事業を始めたが、しばらくすると、兄弟の間に亀裂が入り、事業がうまくいかなくなってしまう。

豊には困難にぶつかったときに相談できる市太郎という強力な忠告者がいた。市太郎はまた〈米状神聖〉で、アメリカからの要求は絶対に尊重せよと社員に命令し、できる限り豊の要望に応えようとした。豊との友情のおかげで、新井にとって市太郎が貴重なセイフティネットになったこともあった。

豊は常々新井を頼りにしていたが、新井も豊を頼りにしていたに違いなく、実際、新井が経営していた生糸事業の会社を乗っ取られたときに、助けられたことがあったのである。

生糸の売買は生糸相場の変動によって左右されることがしばしばあった。生糸はその性格上、季節ごとに在庫量が激しく変動し、そのために在庫の減少で急激に価格が高騰することがある。星野が新井と取り決めた価格では卸せなくなることがあった。新井は、アメリカの業者と契約を結んでいるので、あとになって値段を変更されることは到底受け入れられない。アメリカの業者と誠意を持って取引をしているのだから約束を破ることはしたくない。そういう意見の衝突のために、兄弟の間で話がうまくいかないことがしばしば起きた。新井の事業は、彼の見識と努力で、ニューヨークで少しずつ認められていた。しかし、星野は、新井のやり方に全面的な信頼を置いていなかった。彼自身の水沼器械製糸所は金策に追われ、破綻しそうになっていた。新井も自分の主張を通そうとしたから、当然のことだが二人の間に軋轢が生じていた。

そうこうするうちに、一八八〇年（明治十三年）、製糸業者たちは、星野を担いで、新たに横浜に同伸会社という会社を創設した。この会社が新井のニューヨークの会社を吸収することになり、新井はニューヨークの支店業務を担当することになる。

同伸会社は、新井の誠意ある姿勢と勤勉でアメリカでの信用を拡大していった。その陰にはいつも豊と村井の協力があったようだ。しかし、一八九二年（明治二十五年）、突然予期せぬ事件が起きた。

新井が東京に出張するときに、フランスの支店にいた同伸会社副社長の高木三郎がニューヨークへ乗り込んできて、新井のポストを取り上げようとしたのである。新井が全身全霊をかけて作り上げた日本生糸の信用を横取りしようとしたのである。この策略の背景に実兄がいることがわかる。新井は大いに憤慨し、失意のどん底にいた。それを見て豊は、新井の救済に乗り出すことにする。市太郎に話して新井を後援するように頼んだのである。不正と憤然として戦う豊の姿はまぶしく感じられる。新井は市太郎を実兄以上に尊敬し、信頼していた。[22]

市太郎は、原善三郎や茂木惣兵衛など、旧知の製糸業者と図り、新たに横浜生糸合名会社を一八九三年（明治二十六年）に創立した。豊、村井、新井ほか総勢十人で、資本金五十万円の合名会社を創ったのである。そして新井はニューヨーク常勤の支店長に選任された。この横浜生糸合名会社のニューヨーク支店がモリムラ・アライ・カンパニーで、新井は今まで通りニューヨークで直輸入業務に携わることができることになった。彼は、その後、地道な努力を続けて、日本の生糸輸出をさらに拡大し、明治末期にはアメリカ業界で指導的な役割を負うことになる。友情に厚い豊の一側面が読み取れる。

名古屋橦木町に帰国していた豊が東京飯田町に逗留していた新井に宛てたその頃の手紙[23]がある。

拝啓、陳者東京ヨリノ通信ニ
貴君本月廿日頃当名古屋江御
出掛之御都合之由、幸ヒ小生も
其頃ニわ当地に罷在可申候間、
其節を楽しミニ御待申上候、
随分きたなき家ニも有之、
且勤番住の生活を致居候間、

甚不行届きの事而已ニ候得共、
御止宿被下度候、其代りニお土
産として別品を二三名
御召連被下度候、高輪[24]も
多分其頃ニわ当地江出張
致事ナラント考居候、先者
不取敢右申上度草々以上
　　二月十七日
　　　　　　　　豊拝
　新井大兄

新井の名古屋を訪問する機会があるという知らせに、豊は大喜びで、仕事で忙しくしており、家もきたないが是非止宿してくれるようにと言っている。お土産には別嬪を二、三名連れてきてください、兄もその頃は名古屋に出張することはないから、という内容である。何でも話せる親友にはこのように冗談か本気か、「おふざけ」の手紙を送っている。軽妙洒脱な豊は兄の目にも高く評価されていて、市太郎に「森村組が米国で厚き同情を賜わって居るのも、全く豊の人格の賜物である[25]」と言わせている。

後注

（1）若宮卯之助『森村翁言行録』九二頁　ダイヤモンド社　一九二九年
（2）大西理平編『村井保固傳』一二三頁　財団法人村井保固愛郷会　一九四三年
（3）同掲書　一二四頁
（4）森村勇編『おもかげ集』六頁　一九三二年　森村商事所蔵（私家版）
（5）伊勢本一郎『陶芸振興の核心』二一一頁　技報堂　一九五七年
（6）『村井保固傳』一三二頁
（7）『おもかげ集』一頁
（8）Obituary, *New York Tribune*, August 3, 1899 . p.7.
（9）『森村勇』二八―三〇頁　森村商事（非売品）一九八一年
（10）中川敬一郎他編『財界人思想全集1　経営哲学　経営理念・明治大正編』二〇三頁　ダイヤモンド社　一九六九年
（11）Haru Matsukata Reischauer, *Samurai and Silk*, Belknap Press of Harvard University Press, 1986. p.257
（12）Tom Miller, http://daytoninmanhattan.blogspot
（13）『おもかげ集』一頁
（14）『㊍之礎』新訂版　五〇頁　森村豊明会　一九九八年
（15）今給黎佳菜「アメリカ大衆消費社会の形成とモリムラ・ブラザーズの日本陶磁器販売」（お茶の水女子大学博士論文）二八頁　二〇一五年
（16）Choisy-le-roi, Boulanger & Cie.
（17）森村百年史編集委員会編『森村百年史』四一頁　一九八六年
（18）『森村翁言行録　改訂版』四一頁　森村豊明会　一九六九年
（19）同掲書　四二頁

(20) 井上雅二編『森村翁熱海一夕話』一二六頁　大倉書店　一九一九年

(21) Musée de l'Empéri, Salon de Provence, France 所蔵。

(22) 阪田安雄『明治日米貿易事始—直輸の志士・新井領一郎とその時代』一三五頁　東京堂出版　一九九六年

(23) 「新井家文書」（カリフォルニア大学ロサンゼルス校、チャールズ・E・ヤングリサーチ図書館所蔵、コピーは森村商事所蔵）

封筒の差出人住所が橦木町となっているので明治二十七年頃のものと思われる。

(24) 市太郎の住居があった。

(25) 『森村翁言行録』一一五頁

第五章

森村銀行設立へ

幻想のニューヨーク

市太郎と豊は、アメリカの独立自主の精神と実力主義に感銘を受け、ビジネスにはさまざまな可能性があることを認識していた。しかし同時に利益を上げるために手段を選ばずという独善的なアメリカの様相には幻滅を感じる。二人は、アメリカ社会を真摯な目で捉え、彼らの生活を批判することもしている。『森村翁言行録』には次のようなくだりがある。

大きな建物が立ち並んでいるニューヨーク。ガタガタ、ジャンジャン、ゴタゴタ、ブウブウ、ものすごく繁華している文明都市であるが、この都会に住んでいる人びとの一生について、ほんとうの姿をさぐってみると、実にかわいそうなものである。彼らはただ、金をもうけるために、つまらない名声を求めるために、贅沢をするために、酒や女の楽しみを得るために、すべて自分の利益、自分の欲望のために働いているのである[1]。

これはアメリカ社会への痛烈な批判である。金銭万能主義と道徳的な堕落が蔓延するアメリカ社会は、神経を麻痺させ、夢か現実かわからないところがあった。しかし、市太郎と豊は極めて静謐な目でアメリカを捉えている。

一八七〇年から一八九三年頃のアメリカは「金メッキ時代」と呼ばれている。マーク・トウェインの小説『金メッキ時代[2]』にあやかって名付けられたのだが、豊がニューヨークに生きた時代はほとんどそれと重複している。

十九世紀中頃までにあちらこちらで石炭や石油が発見され、鉄鉱山の採掘と相まって、アメリカ経済は急成長を遂げた。一八八〇年代に独占資本が形成され、工業生産は一八九四年、イギリスを抜いて、世界一になった。電話、電灯、タイプライター、蓄音機などが発明・実用化されたことも大きく貢献している。企業家たちは巨大資本を投入して、インフラ事業を独占していた。

ニューヨークはその中心であった。一八七六年に豊や新井が初めて見た陰気なニューヨークは、一八九三年には世界の先端を行く経済都市になっている。マンハッタンに高層建築が立ち並び、昼夜の区別なく電灯が輝き、街には騒音が響きわたった。

『金メッキ時代』に登場する若者、フィリップ・スターリングは、ニューヨークへやってきて、ブロードウェイを歩いていると、「一躍大金持ちになったような気になり、知らず知らずのうちに、この繁栄した世界に住む成金のように弾んだ足取りになる」と言っている。確かにニューヨークは若者の夢を掻き立てた。豊はどう感じたのだろうか。自分はそんな夢を見ている若者とは違う。日本を西洋に劣らぬ強国にするために、命を懸けてこの世界に飛び込んで、死にもの狂いに今日までやってきたのだという自負がある。やりそこなったら、祖国が埋没してしまうかもしれないほど切実だった。この小説の若者フィリップは、劇場で喜劇の合間に、「オーケストラがキーキー、ブーブーと乱れた旋律を奏でているのを聞くと、この世界には好機が溢れていて、掴み取ろうと思えばどんな素晴らしいものでも手に入れられる[3]」とつぶやく。ブロードウェイで暮らし、時折の観劇を楽しみにしていた豊や新井は、この狂騒のニューヨークをどのように受け止めていたのだろうか。

二人はしばしばライセウム劇場やトニーパストール劇場で軽演劇や寄せ演芸を観ている[4]。リリアン・ラッセルのような人気女優が出演することもあった。芝居そのものは他愛もない喜劇だったのだろうが、豊は劇場の雰囲気を肌身で感じ、片時も仕事のことを忘れていない。劇場に集う人びとは、自分の店の客とも言える人びとだった。彼らの服装、振る舞い、会話には、豊が知りたかった彼らの趣味や傾向、娯楽が隠されているのだった。そこで繰り広げられる余興や辛辣な風刺には、豊にとって学ぶべきニューヨーク市民の夢や希望が潜んでいる。豊が販売するものは、そういう市民を喜ばせるものなのだから。

　豊は無論ニューヨークに蔓延している悪徳と幻想に気付いていた。さもなければ、家族を呼び寄せて安楽な生活をすることもできたはずである。家を構えるための資産もあった。しかし、アメリカに定住する様子は、どこにもみあたらない。日本を豊かな国にすることしか考えていなかった。その考えをニューヨークでも日本でも貫き通した。アメリカの金銭万能主義にはうんざりしていたのだろう。

　豊にはアメリカに永住しなければならない理由がなかった。第三章で書いたが、「金を使うのなら日本で使った方がよい」と言っていることからもわかる。アメリカに骨を埋めようと思うほどアメリカ社会に魅せられた様子はない。アメリカの価値観を肯定していたわけではない。常に冷静な目を持ち、自分が帰するところは日本だと思っていたに違いない。ニューヨークでの日々は目的を達成するための、いわばかりそめの生活で、日本に戻ればすぐに日本の生活に溶け込んだ。

豊はアメリカかぶれではない。筆者が子供だった一九五〇年代は敗戦後の日本があまりに貧しく、海の向こうのアメリカは理想郷だった。アメリカかぶれが多かった。私もその一人かもしれない。アメリカには欲しいものがたくさんあった。テレビやレコード、写真入れがたくさんついたウァーレット（札入れ）、可愛らしいバレット（髪飾り）、微笑ましいシールやステーショナリー、子供の夢を叶える品物が揃っていた。何よりも忘れ難いのは、あのＵＳポストの郵便物が運んでくる特有の匂い。アメリカが自分の周りに広がっていくような錯覚を覚えた。

アメリカには生活を快適にするすべてがあり、アメリカ人もそれを誇りに思っていた。やがて冷戦時代が始まるのだが、アメリカ社会には充足感がみなぎっていた。長くは続かなかったが、繁栄と安定の時代だった。

豊のアメリカも繁栄の時代だった。しかし安定の時代ではなかった。アメリカ政治の腐敗が深刻化し、人びとが社会の急激な変化についていかれない時代であった。アジア人に対する人種差別も爆発寸前の時代だった。そういう社会を的確に豊は見ていた。不安定な時代だったことが定住を考えなかった理由の一つかもしれない。

市太郎は弟のそこまでの仕事を大層評価していた。そこで豊のために赤坂霊南坂に土地を購入しておいた。豊はそこに洋館を建てて、木挽町から移り住んだ。敷地内にテニス・コートがあり、屋内にはビリヤード室があった。ここで彼は安定した生活を送っていた。会社の社員たちもしばしば訪れ、人の出入りが多いアット・ホームな家だった。豊は新年に社員があいさつに訪れると、鄭重《ていちょう》にもてなし、伝統的な正月を楽しんだ。そのとき、酒の飲み比べをして、相手を負かしたが、実は事前に女中に手配し、自分の徳利には水を入れて給仕させ、相手をペテンにかけるようなたわいもないことを楽しんだりした。日本にいるときは自宅で和服を着て家族と団欒を楽しんだ。豊にとって日本での生活は酷使された神経を休める貴重な時間だったに違いない。

シカゴ万国博覧会

豊はアメリカかぶれではなかったが、アメリカ人たちと積極的に交際し、いつも彼らの好みを理解しようと注意を払っていた。順調に発展してきた商売をさらに拡大するには、新たな商品を開発する必要があったのである。日本の伝統的な工芸品からファンシーウェアに方向転換を図っているだけでは満足しない豊は、アメリカ人の家庭に招待されながら、おそらく何を売ればよいのかを絶えず考えていたに違いない。そうして目をつけたのが、食卓に並べられた、薔薇の花や田園風景の描かれたカップや皿である。モリムラ・ブラザーズが西洋風のテーブルウェアの製作に乗り出すきっかけになったのは、当時、アメリカやヨーロッパで盛んに開催されていた万国博覧会だった。

一八九三年（明治二十六年）、シカゴで開催されたコロンブス・アメリカ大陸発見記念の万国博覧会は、アメリカ合衆国の飛躍的な発展を誇示する、一時代を画する博覧会だった。

ミシガン湖畔の広大な土地が会場となり、そこに、美術館、工芸館、農業館などが外観を白一色で統一され、建ち並んでいた。どの建物も陽光を浴びて、まばゆく輝いた。夜になると、一万個もの白熱電球が光り、白亜の建造物が一段と美しく照らしだされた。電気がアメリカの技術力を誇示するために惜しみなく用いられたのである。会場は「ホワイトシティ」と名付けられた。ここに、アメリカ人の「白色」好みを見ることができる。

さらに、科学技術の進歩を象徴する展示物が並べられていた。たとえば世界初の巨大な観覧車、大望遠鏡、動く歩道などである。ヨーロッパに対してアメリカが工業的に優位にあることを見せつけたのである。

日本政府は、国威発揚と輸出拡大を図るために、国民には想像もつかない大規模な展示を行った。宇治の平等院鳳凰堂を模した日本館「鳳凰殿」を建立したのである。日本政府の意気込みがどれほど大きかったかを想像できる。会場内の一等地に展示したものは、地震器械、電池、軍艦模型、速射砲などで、日本の近代産業の進展ぶりをアピールした。

他方、貿易振興という大義名分があったので、展示品は美術品というより輸出目的の漆器、陶磁器、七宝などの工芸品が多かった。市太郎は農商務省から実業者の一人として招集され、五十人の評議員の一人に選出された。展示品の鑑別と陳列方法について、政府へ実務的な助言を行う仕事だった。それは、貿易に関して森村組の今日までの業績が政府に評価されたことを意味していた。工芸品輸出業者として正式に認証されたのである。

シカゴ万国博覧会は森村組にとってまた別の意味を持っていた。森村組の将来にかかわる重大な決定がなされたのである。西洋風画付けへの取り組みを本格的に始めることになるのである。この決定には大倉孫兵衛の功績が大きかった。

大倉は、ニューヨークのモリムラ・ブラザーズで約売部の主任をしている田中実がたまたま帰国中だったので、二人揃ってシカゴへ出かけた。彼らは会場の壮大なスケールの白亜の建造物が並ぶ「ホワイトシティ」に圧倒された。「白色」に光輝く街並みは、清澄で上品だった。アメリカ人が求めているものはこういう穢れのない透明感のある「白色」だったのだ。しかし、大倉は冷静であった。

彼の最大の関心事はヨーロッパの陶磁器産業の現在を見ることであった。イギリスの陶磁器にはカメオ・ガラスを連想させるジャスパーウェアがあった。ブルー地に浮き彫りのように広がる白い幾何学模様のデザインが新鮮だった。ドイツの展示物にはドレスデンの装飾食器があった。真白い器の中央に紫のスミレの束が描かれ、その周囲に可憐な草花が飛んでいる。紫色の花は、器の白さを背景にして、一層可愛らしさを演出している。ヨーロッパでとりわけ人気の柄だった。フランスの展示には、壺や瓶が並んでいた。存在感があるのは、宮廷を思わせる華麗な装飾の中に、長円形の額縁があり、そこに上品な貴婦人が描かれていたからである。彼女のまなざしはこちらを向いて微笑している。見る人はたちまち魅了されてしまう。

　展示をつぶさに視察した大倉は、日本で作っている商品がヨーロッパのものと比べてはるかに見劣りすることを痛感する。特にフランス製品の装飾は、薔薇や植物、風景などが豪華絢爛に描かれており、日本の花鳥風月とは根本的に違っていた。アメリカ人の生活に一層の優美さを加えるには、何としてもヨーロッパ風の図柄に変えなければならない。しかしいったいどうやって職人たちに説明したらよいだろうか。見たこともない西洋の庭園を理解させるにはどんな見本を持って帰ろうか。大倉は、目の当たりにしている豪華な陶磁器が日用品であり、室内の雰囲気を盛り上げる装飾品として通用するところが日本にあるだろうかと思った。あるとすれば鹿鳴館ぐらいであろう。

鹿鳴館が内幸町に開館したのは明治十六年（一八八三年）。そこでは毎夜のように着飾った紳士淑女が外国人をもてなす晩餐会や舞踏会が開かれていた。市太郎や大倉も内部を見たことがなかった。ましてや名古屋や瀬戸の働き手たちは外国人さえ見たことがなかった。鹿鳴館で社交に興じる人びとと調和するような陶磁器を、窯場の職人たちに理解させることは容易でなかった。

大倉は、博覧会の会場でヨーロッパの陶磁器を端から眺め、できるだけ多くの見本を買い込んだ。西洋画のスケッチブック、絵の具、絵筆、さらに吹き絵付の機械まで購入して日本に帰国した。

帰国すると大倉はさっそく窯場と画付工場を回り、日本の伝統的な陶磁器しか製作したことのない職人たちを相手に説得を始めた。器の形状にはアールヌーヴォーの様式を採り入れ、曲線を多用した壺や水差しなどを作らせた。他方、装飾は西洋の人物や風景を窓枠の中に転写し、咲き乱れる薔薇の花で側面を覆い、縁を飾るのに金彩、金盛、ビーディングなどを多用した。当時、日本でできる最高の技術を使い、優雅で華麗な製品を作り上げた。

それらは西洋の陶磁器の模倣であったが、森村組の画付工場は他の日本の工場ではできないような洗練されたものを作り上げ、誠心誠意仕上げられていることが見てとれる作品になった。このように完成度の高い製品ができたのも、モリムラ・ブラザーズの顧客を第一に考える姿勢の表れであった。これらの商品は西洋の商品よりもはるかに安価であったのでアメリカに輸出すると業者の間で取り合いになり、たちまち売り切れた。

ヒギンズ&サイターの忠告

ブロードウェイのモリムラ・ブラザーズでは、六ヵ月後に商品が小売店に届くように、卸売の見本をシーズンに先駆けて展示するのが習わしだった。会場に現れた業者の一人にヒギンズ&サイターという店の人がいた。この店はニューヨークのレディース・マイルに店舗を置き、陶磁器とガラス製品の専門店として世界一と銘打っていた。扱っているのは、ヨーロッパから輸入した飛び切り上等のディナーセットやカットガラスのレモネードセットなどで、どれも結婚祝いや贈答品として格別な人気を博していた。

その店の人がモリムラ・ブラザーズのショーケースを見回しながら、次のような忠告をしてくれた。「アメリカで陶磁器販売を続けるつもりなら、装飾品のファンシーウェアでは将来の見込みが薄い。テーブルウェアのような日用品に転換すべきである。その場合、灰色の素地を純白に改良する必要がある[5]」というものだった。

テーブルウェアは装飾品のように絵柄が陶磁器全体に広がっていないので、素地の灰色が目立ち、不潔に見えるからである。日本の食器は低温で焼成するので、硬質磁器とは異なり、地色が純白にならない。テーブルウェアを製造するならば、ヨーロッパ製品のように硬質磁器に代える必要があることを教えてくれたのである。

王室や貴族などを顧客に持つヨーロッパの陶磁器は、品質は特級、素地は純白である。硬質磁器であるから、指ではじくと透明な響きをする。人を魅了する製品である。それこそがモリムラ・ブラザーズが商品化しなければならない製品である。デザインはアメリカ人の好みに合う、ヨーロッパ風の趣向を凝らさなければならない。アメリカの富裕層は蓄えた富と社会的名声を大いに活用し、今やヨーロッパ進出だけでなく、世界を制覇する意気込みだ。モリムラ・ブラザーズの商品もさらにテーマを多様化し、ドレスデン風の「草花ちらし」だけでなく、ヨーロッパの風景や肖像画まで追求するようになる。ヨーロッパのセレブが愛好するデザインをアメリカの一般大衆に提供する必要がある。大切なのは今アメリカで売れるテーマが何であるかを詳しく知ることだ。飽くなき追求をすることが豊の喜びでもあった。

モリムラ・ブラザーズは繁昌していたが、豊はそこで手を抜くことはなく、さらに販売成績を上げるには、どんなことができるかいつも思案していた。顧客の好みを的確に捉え、彼らの要望を即刻日本に伝える必要があった。そこで意匠図案部を設置し、日本人のデザイナーを採用し、彼らに細かいスケッチ画を描かせている。出来上がったスケッチ画を豊ら幹部が集まって一点一点検討し、販売の可能性が高いものを優先して日本に送った。

それらのスケッチ画帖の原本は約百二十冊現存している。現在、名古屋の株式会社ノリタケカンパニーリミテドに保存されている。[6] ニューヨークから「米状神聖」として送られてきた画帖に倣って実際に製造された商品もある。そのうちの数点は、ノリタケミュージアムに展示されている。

すでに述べたように、収益が伸びたのはセールスマンを使って約売注文を取るようになったことにある。ニューヨーク店はその総元締めであり、ここで発表された新商品の情報は雑誌や新聞を使って、アメリカ全土のみならず、ヨーロッパにまで届いた。

数年前、筆者がたまたま休暇を過ごしたスイスで、一九〇〇年前後にモリムラ・ブラザーズが輸出したと思われるコーヒーセットに出合ったことがあった。赤、白、黄色の菊花がやや卵色の素地に可憐に描かれている。スイス・ヴァレー地方のシエールという町でワイン農場を経営している夫婦がそれを所蔵していたのである。

話を聞いてみると、夫人はベルギー人で彼女の母親が二十世紀初めにイギリスからベルギーに嫁入りしたとき持参したものだった。私が裏印を見せて、「日本製だと思う」と言ったら、驚いて、「可愛いから、三代にわたって使用している」とのことだった。『森村百年史』を見ると、たまたま商用でニューヨーク店を訪れたイギリス人の実業家が、ロンドンの自分の店で売りたいからといって数点購入したという話が載っているから、もしかしたら豊が売ったものかもしれない。

ブロードウェイの店は商業活動の中核店だった。店舗は広大で間口二十メートル、奥行三十メートル、所狭しと商品が展示され、特売場のような賑わいを呈していた。大口の業者も小売商も集まってきた。彼らは気に入った商品があれば即座に大量注文を出した。ジャポニズムが下火になっても、豊らが開拓したデザインはいわゆる「ニッポンもの[7]」として大評判であった。

「ニッポンもの」とは、一八九一年頃から瀬戸で生産され、東京、京都、名古屋で画付けされたファンシーウェアのことで、裏印に「ＮＩＰＰＯＮ」と刻まれていたことから、近年アメリカのコレクターの間でこのように呼ばれるようになった。かつては裏印がなくてもよかったが、一八九〇年にアメリカの関税法が改正され、輸入品に原産国を表示することが義務づけられた。そのとき裏印にＪＡＰＡＮと表記すべきところを誤ってＮＩＰＰＯＮと入れてしまった。それで「ニッポンもの」と呼ばれるようになった。これらは、日本が開発した技法を用いて、ヨーロッパ風のデザインとアールヌーヴォー風の形態を融合させたもので、現在は「オールド・ノリタケ」としてもてはやされている。

　森村商事の資料室には、森村組が作成した一八九二年（明治二十五年）から一九〇七年（明治四十年）の『輸出送状綴込』が十六点（二点はノリタケミュージアムに貸与中）所蔵されている。

　一八九三年（明治二十六年）の『輸出送状綴込』（森村商事所蔵）を覗いてみよう。それによると、この一年間に輸出された商品の積み出しは横浜から五十二回行われている。盆暮れは休むとして、ほとんど週一回の割合で出荷しているのである。

　この年の最初の出帆は、明治二十六年一月十日、五百七十九回太平洋メール便である。おそらく十年位前から便に通し番号を付けたのであろう。それから逆算すると、十年かけて出荷した便は約五百便に上る。どんな商品が輸出されたか、この台帳には、事務方の仕事も実に細かく記録されて残っている。それはニューヨークの豊からの指示に違いない。綴込のページには、まるで機械処理したかのように几帳面な文字や数字が並んでいる。

たとえば、一八九三年の五百七十九回便の項には四十七箱に梱包された商品の記載がある。一点一点のアイテムに商品の細かい描写と但し書き、値段などが付記されている。アイテム一番は「石焼皿付丼、菊型藍書キ秋草画、渕水金模様、丼四寸」という具合である。製造者は「滝藤」、品番号は二二一六八、品数百九十七個、単価十銭、小計十九円七十銭と続く。年間輸出数は陶器に限っただけでも四千種類以上、さらにこのほかに大量の雑貨がある。それを数人の手作業で捌いていたのである。何という手間のかかる作業をしていたことか。

日本から届いた荷物は、ニューヨークの地下室で、豊の指導のもとに梱包を解き、埃を払い、陳列していた。貿易と言えば聞こえはいいが、まさしく小僧の仕事を朝から晩までやっていたのだろう。展示場に並べられた新商品を、バイヤーの卸売業者が肩や肱をぶつけ合わせながら手に取り、「素晴らしい」と感嘆の声を発するとき、豊たちから安堵の吐息が漏れただろう。

日本が日清戦争で勝利すると、輸出貿易は一段と躍進した。一八七一年（明治四年）に一ドル一円だった為替は一ドル二円になったことも幸いし、輸出業は好機を迎えた。大森一宏氏の調査によると「森村組からモリムラ・ブラザーズへの商品輸出額は、一八九一年が一四万一〇〇〇円、九四年は一五万七〇〇〇円、九七年で二七万七〇〇〇円、一九〇〇年では五〇万九〇〇〇円、そして〇三年は八四万五〇〇〇円」になった。これは実質上の売上高ではないが、日本国内の森村組からニューヨークのモリムラ・ブラザーズへ商品が送られた場合の総額を意味している。少なくとも収益が順調に伸びていたことは確実である。十二年間で六倍になったのである。[8] 白色硬質磁器のテーブルウェアができるまでの間売り捌いた「ニッポンもの」は、莫大な利益を森村組にもたらし、テーブルウェア生産へ向けての元手になったのである。

名古屋に生産の本拠地を移す

ニューヨークのモリムラ・ブラザーズでは、アメリカ各地にセールスマンを派遣し、インポート・オーダーを取るようにしたため、陶磁器の販路は大幅に拡大していた。アメリカの一般家庭も生活が向上し、贅沢を好むことが当たり前になっていた。特にヨーロッパの貴族趣味の片鱗を湛えたコーヒーカップなどの洋食器は、注文が一段と増大した。日本の森村組も生産が追い付かなくて悲鳴を上げた。そんなとき、森村組は名古屋に生産の本拠地を移し、経営の合理化を図ることにした。

ニューヨークから届いた注文書は、東京を経由して名古屋に送られていたが、名古屋に直接送る方が時間のロスが少ないことは明らかである。通過地点を減らせば、事務がそれだけ簡略になり、工場への連絡がスピードアップする。森村組はなんとか生産過程を短縮したいと思っていた。

一八九四年（明治二十七年）、森村組の名古屋支店を鍛治屋町から橦木町に移転した。橦木町は名古屋城の東に位置する地区で、かつて尾張藩の武家屋敷が並んでいた場所である。そこに広大な作業場を確保したのである。

それまで素地は、瀬戸で生産され、画付けのために、分散して京都、名古屋、東京へと輸送されていた。それぞれの地域に特色のある画付工場が集まっていたから、完成した製品には個々の工場の特色が色濃く見られた。京都には、明治十二年創業の石田工場があり、名古屋では西郷工場が早くから森村組の専属工場になっていた。東京には河原徳立が明治六年に創業した瓢池園という六十名の画工を有する工場があった。

すべての工場を名古屋に集約すれば、生産工程が大幅に合理化され、納期の遅延を避けることができる。京都で画付けした商品は神戸から、東京で完成した商品は横浜から海外へ輸送されていたが、輸送中に破損することもあった。そこで国内の輸送を最小限に抑え、諸経費を節約すれば、コストも軽減できる。しかし、西や東に分散している画付工場を一箇所に集約するのは大事業であった。

そのために橦木町に広い土地を用意したのだが、この工場集約は難航した。長年京都や東京で画付けを行っていた職人たちは、名古屋へ都落ちして自分たちの作品にその影響が出ることを恐れた。それぞれの工場には数十人が働いているのであるから大所帯だった。その上職人の家族も引っ越さなければならない。それには家庭の事情もあるので、引っ越しは容易に進捗しなかった。

しかし、これらの画付工場は、すでに森村組と専属契約を結んでいた。また、森村組の業績が好調であったために今後も一層の繁昌が見込まれていた。そういうことが幸いしたのか、職人たちは不承不承森村組の要求を呑み、名古屋に移転したのである。

画付工場を集約してみると、その効果は大きく、素地の調達や画付けの指示が目覚ましくスピードアップし、以後、名古屋が輸出陶磁器の牙城として有田や京都を抑えて一大発展することになる。それは森村組の画策だった。

画付工場の集約が軌道に乗ると、次の課題は白素地の改良であった。大倉がシカゴで見たドレスデンの草花ちらしが愛くるしくて、人を魅了するのは紛れもなくその素地が純白であることだった。

素地を白くするにはどうすればよいか。市左衛門は、かねてから昵懇の東京高等工業学校の手島精一校長に相談した。校長は、窯業科を卒業した飛鳥井孝太郎という技術者を推薦してくれた。さっそく飛鳥井を採用する。橦木町の構内に試験窯を設置し、いよいよ白素地の製造に着手することになった。一八九六年（明治二十九年）のことである。

ヒギンズ＆サイターからのアドバイスは、ニューヨークから発せられた「米状神聖」だったから、この頃森村組では全員が神経質になり、職場の雰囲気もピリピリしていた。飛鳥井が橦木町で素地の試験的な生産を始めた頃、たまたま豊が名古屋の事務所で手紙を書いていた。こんなエピソードもある。

飛鳥井は、「こんなのができました」と言って、試作品を豊に見せようと近づいたが、豊は振り返りもしなかった。豊が傲慢だったわけでも横柄だったわけでもない。豊は「自分の専門」ということにこだわった。これは、「仕事の筋」が違うから、自分を相手に相談する問題ではないと思ったのである。森村組は分業で、一人ひとりが責任を持たされていた。

誰が何を担当し、責任を持つのは誰かということを細かく規定していた。江戸の町人社会で通用していた、何でも屋は必要ではなかった。その頃は、主人に仕えさえすれば、主人が自分の生活の面倒を見てくれる社会だったからである。

ところが、近代的な雇用のあり方はそれとは違う。職を与えたからには、その人を絶対的に信用するのが豊のやり方である。自分は、ニューヨーク店の統括をすべて引き受けていたのである。陶磁器の素地の出来、不出来は自分が関与しなければならない仕事でなかった。

飛鳥井のやり方には、もう一つ問題があった。これほど苦労しても成功しなかった白素地がそんなに簡単にできないことは皆承知していた。無駄ということが嫌いな豊は、まだ見るに足る作品ができていないことを背中で読み取っていたのである。豊のそういう一人ひとりの専門性を重んじる姿勢は、会社の運営を合理化し、能率を上げることに貢献していく。商店ではあったが、すでに近代的な組織作りが進んでいたのである。

森村組は新たに画付作業の分業化に取り組んだ。せっかく苦心して製造した意匠や技法が他の工場に漏れることがあった。それを阻止するために、一つの商品を完成するのに、大勢の職人がかかわることを厳命した。そうすることによって、たとえ一人の職人が辞めて他の工場へ移っても、全工程の知識を持って動くわけではないので、作業場の秘密が漏れて、コピーが作られることがないようにした。このような流れ作業的な生産工程を作り上げていったことは、企業秘密を守り、近代的生産方式へ転向する一段階として大きな成果を上げた。

名古屋橦木町は、その後世紀が替わって愛知県鷹羽村大字則武《のりたけ》の地に日本陶器合名会社を設立するまでの間、輸出陶磁器の中心地として前代未聞の活況を呈したのである。

次世代の台頭

一八九四年（明治二十七年）、五十四歳になった市太郎は森村市左衛門と改名した。実父の五代目市左衛門が亡くなってから七年、その七回忌を機に六代目を襲名したのである。

森村家の人びとは意気揚々としていた。若い世代が成長し、事業を継承してくれる見込みが立ってきたのである。六代目市左衛門になった市太郎は、長男明六（一八七三―一八九九）と次男開作（一八七三―一九六二）を同じ年にニューヨークに送り出す。

森村明六は慶應義塾を卒業して渡米した。ニューヨークではイーストマン・ビジネスカレッジで商業教育を修めたあと、叔父豊のもとで見習い店員を始める。森村開作も兄にならって慶應を終えるとイーストマン・ビジネスカレッジを卒業し、モリムラ・アライ・カンパニーで実業の勉強をする。この会社は市左衛門や豊らが出資し、新井領一郎が経営する、横浜生糸合名会社のニューヨーク店である。明六と開作は、平素からテニス、ボート、自転車などで身体を鍛え、健康に気を配る「現代青年」であった。豊にすれば、一方に信頼の置ける村井がいるところに、他方で若い二人が加勢に来てくれたわけであり、頼もしい限りだった。

ここで市左衛門が二人の息子をどのように育てたかについて触れておきたい。子供たちを大層可愛がり、彼らの将来に大きな期待を寄せていたのは事実だが、まず子供たちが健康で強壮に育つことを願っていた。そのことは彼が自分の生活をすっかり変えたことからも想像がつく。彼は決して聖人君子ではなかった。実は、酒も飲むし、煙草も吸うし、茶屋遊びも人並みに経験していた。しかし、子供ができてからはパタッとやめた。福澤諭吉の影響が大きかったのだろう。市左衛門は、当時の日本の生活様式が子供たちを健康に育てるにはふさわしくないと考えていたふしがある。日本人は西洋人と比べて体格が劣っているので、これからは身体を鍛えて強健にしなければならないと思った。

明六と開作をどのように育てたか、市左衛門が語る記事が『儲けんと思わば天に貸せ』にある[9]。

たとえば、医者から座敷に座らせると身体は不活発になり、健康をそこねると注意されたことがある。健康によくないと知って、西洋的な生活様式を採り入れ、すぐに椅子の生活に切り替えた。柔らかい衣服は子供の成長に好ましくないとも言われた。丈夫な木綿の服を着せ、冬でもなるべく戸外で遊ばせ、子供たちを頑強に育てなければならないと思った。親が模範を示さないと、説得力に欠け、充分な効果がないと思い、自ら率先して手本を示している。市左衛門は、人の助言に耳を貸す。どこまでも前向きである。

市左衛門は、常々明六に「独立」が大事だと言い聞かせていた。他人や親に頼ってばかりいるようではいけないというのである。市左衛門は、そんなことではとても生涯ろくな人間になれない。親の財産などを当てにしないで、巣立ちができるようになったら、一人でどんどんやってみるようにならなければいけない、ということだった。明六は慶應義塾を卒業すると、大学部に入らずに、アメリカに行って自ら実社会に身を投じた。市左衛門は、森村家の跡取りとして明六を当てにしていた。

（後列）豊、（前列左から）開作、明六
1895年（明治28年）ニューヨークにて

この時代は、豊が少年だった時代とは違っていた。あの頃、日本人はまだ江戸時代の忠義に囚われていた。アメリカと貿易を始めるなんて、考えられない大それたことだったのである。国家のためということから事業を始められたのも、市左衛門が横浜で金がどんどん流出していくのを目の当たりにして、義憤に駆られたからである。アメリカの事情もわからずに、飛び出して行った豊には、形の定まらない野望と不安があるだけだったろう。

ところが明六がニューヨークに着いた時期は、日本が日清戦争に勝利し、近代国家として体裁が整いつつあるときである。日本の地位が向上し、国が豊かになった分だけ、どこか浮わついた風潮があり、市左衛門と豊にとって、それが気がかりだった。モリムラ・ブラザーズには、追い風が吹いている時代だったからだ。明六と開作は頼もしい援軍だったに違いない。

明六はニューヨーク店で見習いとして働き始める。二十歳近い歳の差がある豊は父親代わりだった。といっても、権威的なことや、厳しい礼儀作法を押し付けることはしなかった。何よりも自分がしてきた日常の体験を、甥たちにさせたかったのである。いろいろな人間を知り、日本にいたら体験し得ないことをニューヨークで経験してもらいたかった。上流社会の人たちとの会話、芝居見物、社交クラブでの交遊、親しい仲間たちとの日々、望郷の想い、孤独……。あらゆることを体験し、自分を見つめ直して、度量の大きい人間になってほしかった。

明六は、「新しがり屋」のスマートな青年だった。一八九六年（明治二十九年）には、モリムラ・ブラザーズの社員十数名が中心になり、ニューヨーク在住の少壮実業家を集め、

「日の出倶楽部」という自転車愛好会を結成した。人望厚く、ことさら人思いの精神がある明六は、さっそく、そのキャプテンに選出されている。

「日の出倶楽部」の記録によると、一八九六年四月二十三日にはコニーアイランドまでサイクリングに出かけている。豊や新井が若い頃行ったあの遊興場である。若者たちはスポーツで身体を鍛えながら、英気を養い、ついでにアメリカの政治や経済の話を行っている。明六と開作は福澤諭吉に、新聞では得られない現地の消息をしばしば送っていたようである。

その年の秋にはアメリカの大統領選挙が行われた。金メッキ時代もいよいよ押しつまり、アメリカの政治は退廃していた。大企業が事業を独占し、社会は混乱と欺瞞でかき乱され、貧富の差が拡大していた。人心は不安と絶望でみなぎっていた。それでも日の出倶楽部の若者たちは未来に期待をかけていた。倶楽部のメンバーたちはアメリカの政治の現状を見聞し、近く行われる大統領選挙に気炎を上げていた。

この年、ウィリアム・マッキンリー候補が大統領に選出されるのだが、開作が撮影した当時の写真アルバム（森村豊明会所蔵）には選挙の投票日が近づき、街中に横断幕が張りめぐらされた選挙風景を活写した写真がある。マッキンリーは一八九〇年に高保護関税法を成立させ、輸入品には原産国を明記することを義務付けた。アメリカの政治や経済の動きはそのまま若者たちの事業にも少なからぬ影響を及ぼしていた。明六と開作は、さっそく福澤にマッキンリー大統領の経済政策について報告している。

福澤もニューヨークからの情報、とりわけ若者の意見や感想に関心を持っていたらしい。マッキンリーの政策について述べた福澤の手紙（村井宛、一八九六年六月十四日付）もある。

> 御地マッキンレー当選は間違なきことならん。しかし、之がために金貨云々、到底六ヶ敷からんとの御所見、いかにも左様ならんと、日本にても語合居候。[10]

マッキンリーの政策は具体的で、日本からの輸入品に高率の関税をかけるものだったから、実業をしている若者たちは、身近な問題として大いに関心を示した。福澤はそういう若者たちに声援を送っている。福澤は、彼らが政治や経済に格別の興味を示し、自分たちの問題として実地に考えることが、商人としての人間形成に役立つと考えていた。「実地の一芸を手に入れる」ことや、「人生の多能は身を利する」いう表現をしばしば使っている。

明六宛の手紙（一八九五年二月四日付）には、日清戦争の勝因を客観的に見て、「実学主義」の重要性を語り、福澤は「兵戦終わるも、工戦商戦は止むときあるべからず、何処までも文明実学の旨を忘れず、工商上にご勉強成られたく、くれぐれも祈る所に候」と諭している。ここでも福澤は経済を充実させることが重要であることを示唆している[11]。また、一八九六年一月の明六への手紙では「富豪の子はとかく役に立たずといえども、その富豪なるものは何を標準にしてこの名を下すか。日本の商家にいわゆる大金持と称する者も、米国などの大商人に較べたならば、個の貧寒のみ。この事実を知る者は、海外に在ること君がごとき人に限ることなり[12]」と書き送り、商人としてなお一層励み、世界的なレベルを目指すようにと激励している。

若者たちは、父親たちの世代がそうであったように新しがり屋で、自転車、写真機、選挙、討論、蓄音機、ダンスなど、なんでも夢中になった。特に自転車は健康的で気分転換になるので、彼らは週末が待ち遠しかったのだろう。サラトガ・スプリングスやアトランティック・シティまでサイクリングで出かけ、サイクリストとしてのカッコよさを競い合う写真が残存している。若者たちがアメリカを謳歌する様子は、豊らにも大きな印象を与えたに違いない。モリムラ・ブラザーズの活況は次世代への期待で支えられていた面もある。

銀行設立

モリムラ・ブラザーズは収益が右肩上がりで伸びていた。そういうときに綿密な営業報告をすることを豊は忘れていない。この純益を手堅く確保するにはどうしたらよいか。豊は銀行事業に着手することを提案する。今までの経験から貿易事業は不安定で、売り上げの多いときもあれば少ないときもあるので、利潤があるときに貯蓄運用を図らなければならない……、と考えた。

一八九七年（明治三十年）、日本の金本位制が確立した時期だったことも、豊の提案に影響を及ぼしたのかもしれない。日清戦争の講和条約の締結に伴う賠償金を獲得し、日本は国際経済に参加できるようになったところだった。

市左衛門は、豊の提案した銀行設立にすぐに賛成した。市左衛門が松方正義卿の金本位制に早くから賛成し、日本銀行の設立時から役員として銀行経営に積極的に参画していたことも好都合だった。森村銀行は、一八九七年（明治三十年）七月十日、資本金五十万円をもって日本橋で開業した（七月十一日付『読売新聞』朝刊）。頭取には、草創期から森村組の財務を担当していた広瀬実栄が就いた。この銀行は普通の銀行とは異なり、信託銀行のような性格を持っていた。信託銀行は、イギリスで遺産処理などの財産の管理法として発達した制度である。アメリカでは遺産処理のほかに財産運用や利殖の手段として利用されていた。

明治末期から大正中期は、日本経済が飛躍的に伸び、相当数の民間銀行が乱立した時代である。そんな銀行の一つくらいにしか考えられていなかったが、森村銀行が公的に果たした役割はそれなりに大きかったらしい。筆者が学生の頃、志賀直哉の小説『和解』を読んでいると、そこに森村銀行が出てきて驚いたことがある。そのくだりを引用してみよう。

その日自分は起き抜けに食事もせず、一番〔電車〕で出かけた。橋場の方の友達に用があって南千住で降りて其所に寄り、一時間程いてから日本橋の三井銀行に行った。十五分位で済むつもりだったが二時間経っても埒があかなかった。番号をいうのを、もうかもうかに引かされている不愉快には敵わなかった。読む物でも持っていれば未だよかった。然し平常呼吸している空気とは余りに違ったそう云う空気の中に只凝然としている内に不安と不快で自分は苛々してきた。どれも、これも赤の他人ばかりだ。自分だけが水に滴らされた油のような気がした。とうとう我慢しきれずに自分は金を受け取らずに其所を出て来た。大きな建物で大勢の人間を使いながら働きのない所だと思った。急行に乗れば国府津の先まで行ける時間一つベンチに凝然とさせて未だ埒が明かないのは、ひどすぎると思った。様子を知らず律義に腰かけて待っている人に大体の時間をいって注意しないのは不親切な所だと思った。

自分は今度は消極的な用で、日本橋を渡ると森村銀行に行った。自分は用を頼んで置いて、前の黒江屋にいって、妻から頼まれた、翌日の宮参りに配る赤飯のお重を買った。そして其所で電話を借りて麻布へ電話をかけて見た。母が出て来た[13]。

ここには重要な伏線がある。「自分」は父親と和解したいと思いながら、三井銀行でいらいら待っているのだが、実家に電話することができない。時間だけが無為に過ぎていく。とうとう「自分」は森村銀行にいく。この時間の推移が二つの銀行に秘められているのではなかろうか。

直哉が三井銀行で居心地の悪い思いをするのは、おそらくこの銀行が父親を連想させるからだろう。直哉の父も銀行家で、第一国立銀行にかつて勤めていた。きっと直哉にとっては三井銀行も第一国立銀行も同じ父の価値観を体現している場所なのである。

この点について阿川弘之が面白いことを言っている。直哉の弟子だった阿川に言わせると、直哉の父は「世間ありきたりの道義観念を以て息子の生活万般にうるさく掣肘を加へて来る頑固な父親[14]」だったのである。

『和解』のこのくだりは、直哉が三井銀行から森村銀行に移って行っただけのように見えるが、実はここに父に対する感情の揺らぎが表れている。直哉が森村銀行に居所を替えてから、ようやく実家に電話できたのは、森村銀行には三井銀行とはだいぶ異なる雰囲気があったからに違いない。代表的な財閥である三井銀行は、民間とはいえ、当時の経済界の中心を占めていたわけであり、阿川が言うところの「世間ありきたりの道義観念」の権化だったに違いない。おそらくお客のことも一段下に見ていたに違いなく、いくら待たせても構わないという行風があったのではないだろうか。直哉がここに自分の父親の俗物性に通じるものを感じとったとしても不思議ではない。

ところが森村銀行に行ってみると、そこには自分を寛容に受け入れてくれる母親のような温かさがあった。ようやく実家に電話をかける勇気が湧いた。電話に出てきたのは母だった。直哉はほっとする。そこからこの小説の主題、父との和解への糸口が見えてくる。

『三菱銀行史』の中の「森村銀行小史」を読むと、この銀行が持っていた温容な空気が感じられる。

一九二四年（大正十三年）森村銀行は株式会社になる。株主になった三菱銀行から森村銀行に派遣された三宅川保一氏は次のような証言をしている。

> 行員の気分は非常に家族的で親しみがあり素直な人たちばかりでしたが、これは森村さんの人格の影響が隅々まで及んでいるためで大いに感心させられました。そんなわけで私としても仕事が大変やりやすかったのですが、仕事の能率を一層あげる為に

先ず第一に執務方法や書式を総べて三菱式に改めたが心配した摩擦もなく至極スムースに行われました[15]。

森村組の経営理念は森村銀行でも遵守されていたのである。一九二七年（昭和二年）に昭和恐慌が起きると、中小銀行の取り付け騒ぎが起こり、多くの銀行が破綻した。幸い、森村銀行は三菱の信用のおかげで事なきを得たが、経済事情がいよいよ深刻になり、三菱銀行と合併することになったのである。

志賀直哉が森村銀行を使ったのは、直哉が白樺派の作家であることと無関係ではないかもしれない。同じ白樺派の作家として長与善郎がいた。善郎の父、長与専斎は、若き日に緒方洪庵の適塾で福澤諭吉と同期だった。豊の娘の玉子が成人して専斎の三男、又郎と結婚したのは福澤の紹介だったのだろう。直哉にとっては友人の姉一族の銀行という心やすさがあったのかもしれない。

市左衛門は、日本の銀行制度には少なからず不安と疑問を抱いていた。特に明治期にできた銀行は、機関銀行化していたために、経営基盤が脆弱で倒産するものがあった。銀行の株主が、特定の企業の株主と共通であるために、その企業に優先的に貸し出しを行うことが多くあった。企業の営業状態が悪化すると、銀行に不良債権が累積し、銀行とその企業が共倒れになった。市左衛門はそのことを念頭に置き、二兎は追わないことが原則であると考えていた[16]。

この考えは息子の七代目市左衛門（開作）にも共有されていた。彼は投機的な事業に投資しなかった。そういう姿勢が市左衛門に、森村銀行が倒産しないうちに三菱銀行と合併することを選択させたのかもしれない。豊は、資産をうまく運用することが、事業を多角化するための積極的な手段だと思っていたようだ。

しかし、昭和の恐慌に遭って、破綻することになった。森村家は、時代の動向を観察することに長けていたから最悪の事態にならないうちに、結果的にスムーズな合併をすることができたのであろう。

士魂商才

度々述べてきたように、森村市左衛門が海外貿易を志したのは、一八六〇年（万延元年）中津藩の中屋敷で福澤諭吉を知ったことに始まる。このとき、市左衛門は福澤のうちにまたとない助言者を見出したのではないだろうか。福澤の方でも市左衛門のうちに新時代の経済を担える人としての可能性を読み取ったのかもしれない。二人には肝胆相照らすところがあったのだろう。

豊も慶應義塾に学んだだけに福澤と親しかったことは言うまでもない。ただ、当然のことながら、市左衛門とは少し異なる関係にあったに違いない。福澤と肝胆相照らすというよりは、むしろ福澤の方が豊という人間に内心驚嘆していたのではないだろうか。豊は、市左衛門と違って国を論じたり、経済思想を声高く語ったりする人間ではない。むしろ、兄であり、一家の主である市左衛門から命じられることを黙々と実行する人間だった。日本を留守にしているので、日本の、特に経済界で知られるような機会が少なかっただけでなく、公的な場では寡黙な人間だったから、目立たない存在だった。しかし、豊は、兄に言われたことに従うだけの人間では実はなかった。これまで見てきたことからもわかるように、たえず新しい情報を手に入れるように心がけ、店の見栄えをよくし、店員の徳義を高め、商品の品揃えに気を配っていた。どんな商品が売れるのかを日々観察していたのは市左衛門ではなく、むしろ豊である。そして、日本の工芸品をニューヨークで売る店が失敗するのを横目に、次々に商品開発のアイディアを出していった。もちろん、商品の開発と売り上げだけではない。見知らぬ異国での法制度や商習慣にも通じていなければならなかった。当時は、外国貿易に通じている日本人は少なかったわけで、豊が現地で自ら情報を収集し、解決しなければならなかった問題も一つや二つではなかったはずである。豊が日本人と付き合うよりも、ニューヨークのアメリカ人との交際に時間を充てたのもそのためである。そういう努力の中であらゆる問題、あらゆる障害を乗り越えてモリムラ・ブラザーズの事業拡大に成功したのだから、豊の知的能力、実行力は飛び抜けたものだったのである。ただ、寡黙で実践的な豊は、そんなことを自慢し吹聴するような人間ではなかった。そのような豊の最大の理解者は、兄だけでなく、おそらく福澤諭吉だった。なぜなら、西洋という未知の世界に踏み入ったことのある福澤はそれがどういうことなのか誰よりもよく承知していたからである。

　よく知られているように、福澤には三度の海外渡航経験があった。一八六〇年（万延元年）、勝海舟の従僕として咸臨丸で渡米、一八六二年（文久二年）、遣欧使節に従いヨーロッパ歴訪、そして一八六七年（慶応三年）、小野友五郎（咸臨丸航海長）の一行に参加し再度渡米している。一回目のときは見るものすべてめずらしく、大きな衝撃を受けた。一八六七年の渡米では多くの原書を購入している。『福翁自伝』の中で彼はアメリカの印象を述べている。だいたい次のようなことを記しているのである。

　最初のアメリカ旅行のときは、上陸したサンフランシスコのホテルで、敷き詰められた絨毯の贅沢なことに驚き、その上を草履で歩いてよいものか躊躇している。すると今度はいきなり酒が出たのである。栓を開けるときに恐ろしい音をたてるシャンパンだった。注がれたコップに氷が浮かんでいるのにも仰天した。しかし、「磊落書生」を自認する福澤はその場で気を取り戻して、平静を装い、煙草を一服吸ったりする。マッチを知らなかったので、気転を利かせてストーヴの火で吸いつけた。灰皿が見当たらないので、懐中から紙を出して、吸い殻をもみ消してその紙に包んで袂《たもと》に入れたところ、しばらくすると袂から煙が上り、胆を潰すことになる。

長い間鎖国を続けて来た国の人間が外国に行くと、どんな思いをするのか教えてくれる話である。西洋での体験は、驚きの連続だったのである。それも日常的で瑣末なことで途方にくれていたのである。それでも、福澤の場合は旅行の途上での体験である。豊は、ニューヨークで商売をしながら、ごく日常的なことの解決から、法制度を含めた高度な知識を吸収して対処することまで、ありとあらゆる障害に向き合わなければならなかったのである。そのためには、孤独の中でも少々のことでは動転しない落ち着いた勇気と、日々の問題を乗り越える卓越した知性が欠かせなかったはずである。福澤諭吉は、そうした普通の日本人には想像もつかない豊の苦労を見抜いていた。

たとえば、福澤は、自らの経験も踏まえながら、日本人の特性について次のようなことを『福翁自伝』で言っている。

　少しも他人の手を借らずに出かけて行こうと決断したその勇気といいその技倆といい、これだけは日本国の名誉として、世界に誇るに足るべき事実だろうと思う[17]。

日本人は人の手を借りずにアメリカへ行く勇気があり、逞しい精神と知力を持っていたのである。このようなことを語る福澤だったからこそ、豊には特別な好意を抱くと共に、称賛してもいた。「他人の手を借らずに出かけて行こう」と考えていた市左衛門に対して、福澤は経済思想を共有していた。他方、豊は黙々とニューヨークで兄の経済思想を実践していた。こんな豊に福澤は日本人の「勇気」と「技倆《ぎりょう》」を見出したのであり、市左衛門とは違う美質を見て、感嘆したのである。

　福澤が豊の業績をどのように評価しているかが読み取れる手紙がある。福澤一太郎に留学について説教している手紙である。福澤はかねてより、長男一太郎と次男捨次郎をアメリカに留学させたいと思っていた。一八八三年（明治十六年）、二人はたまたま帰国していた村井保固に引率されてアメリカに渡ることになる。一太郎は、イーストマン・ビジネスカレッジで学んでから、一八八五年（明治十八年）、帰国前に将来のことを手紙で父に相談しているのである。一太郎は事業を起こす心づもりだった。福澤は、次のような返事を送っている。

貴様が商業学校を卒業するも、これを日本に土産にして一事業を起こすの資とするに足らず。例えば、森村豊、岩田茂穂〔獅子文六の父〕なども同校を卒業したる者なれども、右両氏が今日社会に居て人に貴重せらるゝは、ただこの卒業のみの故にあらず。卒業はもとより大切なれども、これは唯一芸として身に附け置くまでの義にして、人々の働は自から別に恃む所のものなかるべからず。[18]

この手紙によれば、森村豊には「別に恃《たの》む所のもの」があるというのである。福澤研究家の小室正紀氏の言葉を借りれば、商業学校で学ぶことはただの一芸に過ぎなく、森村豊が持つ文明の教養を見習いなさいということなのである。[19] 豊が「別に恃む所のもの」を持っているのは、「士流学者」として商店を成功させていることを指しているということである。

この「士流学者」というのは福澤の造語で、「士流」とは出自にかかわらず精神において「サムライ」であることを指している。新世界を作り出す人物は、学問を身につけた知識人でなければならない。ここで言う「学者」はいわゆる研究者や大学教員よりも広い意味を持っている。

日本の旧来型の商人は金銭的な富を追求することだけが事業の動機だったが、新時代では公益心を持ち、新学問を身につけた、新しいタイプの知的エリートがビジネスを担わなければならない。福澤は政治や学術に比べると、実業の社会は遅れていると考えていたから、市左衛門と豊のような考えを持つ実業人を評価した。だからこそ、福澤はこの二人の兄弟に援助を惜しまなかったのである。

「なにとぞ私徳を厳重にして、商業に活溌ならんことを祈るのみ[20]」。これは、福澤が、明治二十九年、村井への手紙の中で、イーストマン・ビジネスカレッジ卒業後、ニューヨークで丁稚奉公をしている明六と開作について書いていることである。豊の甥の二人が学問を修めるだけでなく、広い世界を知り、自分を磨き、社会的に価値のある人間になり、公益に寄与するビジネスマンになってほしいと諭している。次世代の二人の行く末を案じているのは誠に福澤らしい。福澤は、人材育成に専心したのであるが、とりわけ実業人の質や人格にこだわった。なぜならば、「経済は個人に支えられるべきものであり、また経済を支えるにたる個人の知性と倫理が確立しなければならない[21]」と考えたからだ。

豊の人間的魅力は、勇気だけでなく、福澤が言うところの「私徳」を遺憾なく発揮していることである。人間は誰でも特別な気質や能力を持っているが、それを社会の中でうまく発揮できることが大事なのである。ほかの人間から信頼され、尊敬される人間でなければならない。そうでなければ人間関係の構築とか組織の運営はできない。豊は商人としての技量のほかに、サムライ的な道徳観を持っていたが、昔のサムライと違うのは、組織、つまり会社の中で尊敬されるサムライ的な精神だった。それが福澤の言う「私徳」ではなかろうか。

森村商事の社是「我社の精神」の一項目に「嘘言、慢心、怒、驕、怠を慎む事」というのがある。これを忠実に守ることによって、人間の「私徳」はしっかりと向上する。組織や社会で尊敬される人間になることが、社会での信用につながるのである。モリムラ・ブラザーズはニューヨークで信用を得ることに成功した最初の日本商店であったと言われている。それを証明するように、ニューヨークの市中銀行からいつでも融資を受けることができた。それはとりもなおさず、高潔廉直なる姿勢の士魂と信用を第一に据えた商才の融合から来ているのである。

市左衛門は、官尊民卑の社会でも自分は「独立自営」で行くと決めていた。これは、福澤の「独立自尊」から転じた言葉だが、依頼心を持たないで、何事も自分の判断・責任のもとに行うことを意味する。子供に教育を施すことは親の義務であるが、それ以上のことはするべきでない。個人が独立することが国家の独立につながるからである。人任せにしない自律する生き方をして、社会的責任を持たせ、金銭的利益ではなく、公益に寄与することが大事なのである。

豊の行動は、福澤の思想に照らし合わせると、当時の広く見られたナショナリズムというか国家を思う気持ちと通じるものがある。兄弟が営んだ実業は営利であった。しかし、その帰するところは国家の繁栄という士族の精神に支えられていたのである。

後注

（1）『森村翁言行録　改訂版』一七六頁　森村豊明会　一九六九年
（2）マーク・トウェイン、チャールズ・ウォーナー共著　柿沼孝子訳『金メッキ時代』上下巻　彩流社　二〇〇一年
（3）『金メッキ時代』上巻　一三五―一三六頁
（4）阪田安雄他編『日米生糸貿易史料』五一四頁　近藤出版社　一九八七年
（5）森村百年史編集委員会編『森村百年史』六五頁　森村商事　一九八六年
（6）森谷美保「画帖とデザイナー」『ノリタケデザイン100年の歴史』所収　一四頁　朝日新聞社　二〇〇七年
（7）砂川幸雄『製陶王国をきずいた父と子―大倉孫兵衛と大倉和親』六六頁　晶文社　二〇〇〇年
（8）大森一宏「海外技術の導入と情報行動―日本陶器合名会社」佐々木聡、藤井信幸編著『情報と経営革新―近代の軌跡』所収

一四〇頁　同文舘出版　一九九七年

(9) 森村市左衛門『儲けんと思わば天に貸せ』六八頁　社会思想社　一九九九年

(10) 慶應義塾編『福澤諭吉全集』第一八巻　七三六―七三七頁　岩波書店　一九六二年

(11) 同掲書　六四七頁

(12) 同掲書　七〇七頁

(13)『志賀直哉全集』第二巻　三八五頁　岩波書店　一九七三年

(14) 阿川弘之『志賀直哉』上巻　四八頁　岩波書店　一九九四年

(15) 三菱銀行史編纂委員会編纂『三菱銀行史』二一二頁　三菱銀行史編纂委員会　一九五九年

(16) 大森一宏『森村市左衛門　通商立国日本の担い手』一四五頁　日本経済評論社　二〇〇八年

(17) 福澤諭吉『新訂福翁自伝』一三四頁　岩波書店　一九七八年

(18)『福澤諭吉全集』第一七巻　七六七頁

(19) 小室正紀「森村市太郎・森村豊・村井保固―海外貿易の開拓者」『三田評論』二〇〇五年一月号所収　二八頁　慶應義塾大学出版会　二〇〇五年

(20) 慶應義塾編『福沢諭吉の手紙』一二六頁　岩波書店　二〇〇四年

(21) 同掲書　一二六頁

第六章

豊の死

不幸の予兆

市左衛門に二人の息子がいることは前章に書いた。長男明六は、アメリカ育ちならではの合理性と社交性を備えた青年になっていた。「アメリカ育ち」と書いたが、明六の合理性はもともと福澤諭吉の薫陶から来ているに違いない。慶應義塾を卒業したということもあるが、アメリカへ行ってからも福澤と文通しており、直接に明治を代表する開明的な精神に触れてきていた。そうした基礎の上に、渡米後イーストマン・ビジネスカレッジで実業におけるアメリカ的合理精神を身につけた。父市左衛門が座敷をやめて、椅子を使うようにしたことも、旧弊な価値観からの脱却に寄与したに違いない。

明六は、ニューヨークで生活するようになってからも、日本での教育に支えられ、物おじせずにアメリカ社会へ入り込んでいった。ニューヨークの若手実業家たちと結成した自転車愛好会などは、彼のそうした社交的精神をよく表している。手塩にかけて育てた息子が、開明的で、社交的な実業家になっていくのを見て、市左衛門はどんなにか喜び、将来に期待を寄せていたか想像がつく。明六は森村家のホープだった。

明六が二十五歳になると、ニューヨークで本格的に仕事に専念するためにも、早く身を固めた方がよいということになった。一八九八年（明治三十一年）春、井上勝子爵の長女卯女子との婚約が調い、七月に盛大な結婚式を東京で挙げた。

卯女子の父、井上勝は萩の志士で、一八六三年（文久三年）に脱藩している。後に「長州五傑」として知られるようになる伊藤博文、井上馨、山尾庸三、遠藤謹助と共に、英国総領事の斡旋でジャーディン・マセソン商会の船に乗り、密航してイギリスに渡っている。五人はロンドンで西欧の最新技術や外交を学び、帰国すると明治の建国に貢献したのはよく知られている通りである。

井上勝は、ロンドンのユニヴァーシティ・カレッジで鉱山技術と鉄道技術を学んだ。帰国すると、新世界のインフラ整備の要となる鉄道の創業に尽力した。一八九〇年（明治二十三年）には鉄道庁長官になっている。明六が卯女子と結婚し、ここにも商人と士族の令嬢のカップルが誕生した。

森村家は喜びと期待で沸きかえっていた。豊の初めての渡米から二十二年の歳月が流れ、ニューヨーク六番街で始めた小さな商店が、今やブロードウェイの中心で破竹の勢いで快進撃を遂げている。日本の森村組は市左衛門、大倉孫兵衛、広瀬実栄のほかに大倉の長男和親、広瀬の次男実光、それに明六と開作が参加し、総勢五百人を超えていた。生産の本拠地は東京から名古屋橦木町に移転し、ニューヨーク店と連携を保ち、神戸、京都、大阪の支店も商品の供給が間に合わないほどの繁昌ぶりだった。明六は次世代を背負っていくと誰もが疑わなかった。

　ところが、年明けに明六が帰国すると、肺病を持ち帰ったことが判明して大騒ぎになったのである。跡継ぎの御曹司が大病を患ったとの知らせに、市左衛門は胸が張り裂けんばかりだった。大磯の別荘で静養させることになり、あらゆる手を尽くした。しかし、養生の甲斐なく、六月に急逝する。

　人間の寿命が今よりずっと短かった時代とはいえ、二十六歳で死ぬのはやはり早世である。豊は明六の死をどのように思っただろうか。まだ若く、将来のある青年が病に倒れるなんて、人生の無常を感じていたに違いない。幕末からコレラの流行は度々あったし、一八七四年（明治七年）には天然痘が大流行した。ペストやジフテリアで死ぬ人も多かった。しかし、結核はこれらの伝染病ほど当時は知られていなかったのである。日本が結核患者の統計を取り出したのは一八九九年（明治三十二年）からである。まさに明六が死んだ年である。市左衛門は「アメリカで呼吸器系の伝染病にかかり、それが再発した」という言い方をしている。病名をはっきり言わなかったのは、結核という病名が一般に通用していなかったためであり、家族にとって、未知の伝染病だったからだろう。それを持ち帰るとは、森村家もどこまで「新しがり屋」なのだろう。

結核に罹っていて、それが不治の病であると知らされたとき、明六はまさに仕事一筋に精を出そうとしているときだった。家族からも周囲の人からも跡取りとして期待され、その期待に応えるように勉学し、アメリカの社会で見聞を広め、「文明商人」としての修業を積み、いよいよ本格的に出発する矢先だった。誰からも信頼され、ライバルであったニューヨークの少壮実業人からも哀悼の意が寄せられた。日の出倶楽部では、キャプテン明六の訃報が公表される。

一八九九年八月四日

最初のキャプテンなりし、森村明六氏は病気のため、かねて帰朝中の処、養生不相叶、本日午前永眠の電報森村組に達す。我倶楽部は発起人の一人にして且創立の際最も力を尽されたる同氏の訃に接す。嗚呼悲哉[1]

明六の死は、森村家にとって大打撃だった。安政の大地震以来、あらゆる艱難辛苦を乗り越えてきた市左衛門も立ち上がれないかもしれないほどの衝撃を受けた。市左衛門は、この頃まだ仏教徒で、雲照律師にすべてを委ねていた。今回はどんな信心と祈祷をもってしても、明六を救うことはできなかったのである。

豊の病

ところが、森村家に降りかかった不幸はそれだけにとどまらなかった。モリムラ・ブラザーズの屋台骨である豊の健康が思わしくなかった。一八九八年頃から時折胃痛に見舞われるようになっていた。ニューヨークの医者からは、一度精密検査をした方がいいとアドバイスを受けていた。そこで一八九九年（明治三十二年）二月、日本に帰国して、主治医の荻原先生の診察を受けることになる。それにしても、豊はどうして帰国することにしたのだろうか。医学の水準を考えれば、欧米の方が日本よりはるかに進んでいたはずだから、ニューヨークに残って、妻の鹿衛を呼んで治療してもよかったのではないだろうか。おそらく日本で家族や親戚にも囲まれて治療したいという気持ちが強かったのだろう。

豊は日頃健康には注意していたようである。ちょっと風邪をひいてもすぐに医者に行っていた。ただ、嫌な経験をすることもあった。日本人の医者がいないので、現地の医者に診てもらおうとしたら、中国人と間違えられて診察してもらえなかったこともあった。ニューヨークでの生活は、東京での暮らしとは違う不便があり、思わぬことで気苦労することが多かった。そもそも彼は、今で言えば単身赴任だったのであり、心安まる家庭生活を送ることができなかった。食事にしても妻が拵えてくれるわけではない。リヴァーサイドに住む村井家の食客だった。村井の妻、キャロラインが世話をしてくれていたようだ。そうした居候のような生活から見ても、豊のストレスは他人の想像を超えるものだったに違いない。

　東京に戻ると、荻原先生が胃腸薬を調合してくれた。しかし、胃痛は一向に治まらなかった。気分がすぐれないまま、鹿衛と共に霊南坂と大磯の別荘を行き来して、二人の娘、玉子、喜美子と二歳になった息子勇の傍らで養生を続けた。明六の葬儀が終わった頃から病状が悪化し、寝ても起きても腹部に不快なものを感じ、ついには食事が喉を通らなくなった。ひょっとしたら……という不安がよぎった。

　そこで、長与専斎先生の紹介で東京帝国大学医科大学の外科医近藤次繁先生の診察を受けることになった。近藤先生は、胃癌ではないかという診断結果を明らかにした。癌は、ほとんど治癒の見込みのない、最も恐れられていた病気だった。

近藤先生は、帝大医学部でお雇い外国人として教鞭をとっていたユリウス・スクリバ教授のもとで胃癌の研究をしている人だった。二十五歳でドイツなどに留学し、外科医学の本場で実際に胃部開腹手術を体験して帰国したところだった。日本では癌摘出手術の成功例はまだなかった。たとえ帝大でも、開腹手術を受けることは自殺行為と見なされていた。

本郷の東京帝国大学医科大学附属第一病院で診察してもらうと、豊の病気は急性の胃癌であることが判明した。癌はすでに大きく広がっており、至急患部を摘出すること以外に考えられる治療法はなかった。医師のカルテは残っていないが、豊の闘病生活には貴重な記録が残されている。市左衛門の次男開作が明六重病の知らせに帰国していたが、引き続き東京に逗留して、豊の入院から手術までの経過と家族の動揺と苦悩を克明に日記に記している。この日記の原本は、開作が後に園長をしていた森村学園に保存されている〔整理番号が振られている〕が、筆者の手元にはそのコピーがある。目を通してみると、癌細胞摘出の手術を受けることを選択したのは豊自身だったことがわかる。

近藤先生の執刀で開腹手術が行われたのは七月二十八日である。開作の日記は、その二日前から始まっている(2)。

二十六日

父上〔市左衛門〕は午前十時ごろ霊南坂へお出ましになり、叔父上〔豊〕にご面会なされしに、叔父上には何とおなぐさめ申し上げれども、最後の御覚悟を遊ばされ居りて種々御遺言遊ばれしと、父上目のふちを赤くして予に御物語ありき。母上は、目白〔当時森村家が帰依していた雲照律師〕へお出かけあり。叔父上平癒の御祈祷を願ひたまえり。

叔父上に手術を受けたまふや否や、誰をして聞かしめんと種々お話あり。誰をよし彼をよからんなど中々に決せざりしが、最後に叔母上をして聞かしむるが最もおだやかなるらんとのことにて、二十五日の朝、叔母上恐る恐る申し上げしに、いと御快よく御承諾あり。一同御覚悟の好きに感じ入りぬ。

日記は、手術の諾否に関して、誰が豊に尋ねるか決めかねて、家族で困惑している様子から始まっている。豊の意向を確かめる役を引き受けたのは、鹿衛である。彼女が勇気を振り絞って手術をするかどうかを尋ねると、返事は諾だった。手術が成功する確率があまり高くないことは誰もが知っていたに違いない。手術を受けるにせよ、受けないにせよ、どちらも希望のある選択肢ではなかった。しかし、九十九パーセント回復の見込みがなくても一パーセントの可能性に賭けるのが豊の人生観なのだろう。「いつかは死ぬ」という覚悟は一八七六年三月に横浜港を出たときからできていたとも言える。

手術を進んで受けるという決断を聞いて、家族は豊を病院へ送り届けることになる。日記によれば、二十六日、午後三時十五分に霊南坂の自宅を出発している。番頭の新川〔市左衛門がモリムラ・テーラーを譲った人〕は、豊の人力車に徒歩で付き添った。鹿衛と荻原医師、看護婦、鹿衛の弟小畑大太郎と開作は別の人力車で後に続いた。

豊は「寝台に横たわっての道中、絶えずあちらこちらを見渡していた。疲労の様子も無く、却って久しぶりの外出に見るものも目新しく、大いに元気を増したようにも見えた」と、開作は記している。もう二度と家に戻って来られないかもしれないという気持ちが、豊に東京の街にそのような眼差しを注がせたのかもしれない。

> 釣り台〔寝台〕のふり曲る折に御顔の見ゆる時、御眼を予の方に向けられて見つめたまふ度毎に、今日を最後の外出と思ひ給ふ御心の内や如何にと思ふにつけ、予の胸はさけんばかりに感じ、思はず涙を出したり。

豊は比較的しっかりした様子をしていたようで、取り乱していたのは、むしろ、付き添いの人たちの方で、開作がいたたまれない気持ちを抑えている様子が伝わってくる。本郷の大学第一病院に到着したのは五時二十分だった。

「着くとまもなく近藤氏来診せられ、望みがある様に言はれし故、一同大に喜こぶ（初診の節は少しも望なき様申されき）」。この致し方ない状況を少しでも耐えうるものにしようという先生の配慮だったかもしれない。

入院に思いのほか時間がかかったので、翌日に予定されている手術は翌々日の朝十時に延期され、先生は「十分に用意をして、まず試験的切開法を行ない、若しよければ尚進んで手術をも施こす事とせり」と言われた。

その晩は一同病院に泊まるつもりだったが、豊の様子は久々の外出にもかかわらず、疲労していないように見え、「今夜は家に帰って休みなさい」と家族のことを気にかけていた。そこで、一同帰宅することになり、開作も十時の汽車で大磯に帰ることにした。病院を出てから、別の主治医の所へ立ち寄り容体を告げた。それから神田の三河屋という西洋料理屋に行き、とりあえず夜食を取ることになった。開作は書き記している。

帰宅途中、叔母上より預かりし小さきかばんに香水吹きを入れんとて開けるや、内より新しき数珠出でぬ。病院にてかかる品が要る訳はなし、いぶかしと思い、叔母上に尋ねしに、あやしき顔して答えたまはざりし。これはご逝去の折、手にかけさせたまいし数珠ならんとは、叔母上の覚悟の程も思ひあはされたり。

病院を出て西洋料理屋に行く途中、開作は叔母鹿衛のハンドバッグに数珠が入っているのを見つけるのである。鹿衛に数珠のことを尋ねても返事がなく、開作は鹿衛の心境をおもんぱかり、声も出なくなったようである。言葉はなくても二人のやりとりから鹿衛の悲痛な覚悟が伝わってくる。

豊の死

豊の病を聞いて、霊南坂には多くの親戚が集まり、泊まっていた。その一人、小畑の老母〔鹿衛の母〕が、入院当日、豊の部屋に来て付き添っていた。開作の日記によれば、そこに、豊の娘の玉子と喜美子がやってきてこう言ったそうである。「お父様早くお帰り遊ばせ」。すると豊はすぐさま、「モー帰り来ぬぞ」と返事をしたとある。このやりとりは、どこかなんだか、少し変である。娘たちはおそらく父に向かって入院しても一日も早く病院から家に戻って来てほしいという願いを伝えたのだろう。ところが、豊の返事はちぐはぐなところがある。「モー帰り来ぬぞ」とは、「もう病院から帰って来た」という意味なのだろうか。これから入院するところなのに、「もう帰宅した」というのは理屈に合わない。豊の言葉は謎めいている。いったい何を言いたかったのだろうか。筆者には、ここに豊の深い思いが表れているように思えるのである。「モー帰り来ぬぞ」とは、病院ではなく、ニューヨークから家に帰ってきたという意味ではないだろうか。豊は愛する娘たちに向かって、「長い間留守にしたが、もう自分は我が家に帰って来た。たとえ手術がうまくいかなくて死んでも、今は家に戻って来ている。これからは子供たちとずっと一緒にいるのだから安心しておくれ」と、言っているように聞こえる。手術が失敗して肉体は滅びても、魂はここに残り、霊南坂の地に家族と一緒に留まるということではないだろうか。新井と違って、豊はニューヨークに家族を連れて行かなかった。どんなに異国の世界に溶け込んでいるように見えても、豊の心は日本にあったのである。妻や子供をニューヨークに呼び寄せなかったのも、そのためだろう。豊はいずれ日本に戻るつもりだったのである。アメリカでの成功を土産にいつの日か家に戻り、霊南坂で家族一緒に暮らしたかったに違いない。そして、そのような夢が不治の病によって実現したことを、豊は受け入れているようにも見える。

入院の日、豊は寝室を出て玄関に向かうとき、寝台の上から首を上げて、座敷をつくづく見渡したそうである。「今日は外出するので、いつも通り髭を剃る」と言い、「紋付の羽織を出してくれるように」と頼んだ。再び帰ることがないなどとは夢にも思っていない素振りではあった。「モー帰り来ぬぞ」を、今述べたように解釈するなら、入院時に豊が家の中を見回したのも、これから大手術を受ける覚悟と共に、我が家に帰って来たという感慨も交じっていたのではないだろうか。

二十七日

手術の前日はまんじりともせず、家族は早朝より病院に駆け付けた。豊は「病院の扱いが不親切である」と不安を発したそうである。こういう不安は周囲に伝染するもので、鹿衛は開作に、「どうしたらいいか……」と、相談したい様子だった。「もし不安とお思いでしたら手術を受けなくとも……」と、開作も返事をしようとしたが、なかなか言葉にならない。「唯うち過ごしては心良からざること故、あからさまに問いなさることこそ然るべけれ」と言うのが精一杯だった。しかし、鹿衛が声をつまらせながら豊に尋ねると、「不安でない」と、ごくあっさりした返事があった。それでも、午後不安と心配が消えることなく、鹿衛と開作は物言いたげにお互いの気持ちを探り合っていた。豊にしても家族にしても、成功の見込みが少ない手術を受けることがいいのかどうか確信が持てなかったようである。とうとう、開作は「明朝、手術前に父上に病院へ来て、御話してもらいませう」と言葉を返した。

二十八日

午前九時、開作と小畑大太郎（鹿衛の弟）は手術に立ち会うために入浴し、消毒済みの衣服をまとい、手術室に入った。開作は手術の経過を克明に記述している。

　昨夜は御疲労の故か、よく御休みになり、今朝も御気分悪しからず見受けまつりぬ。

九時四十五分、胸部へ注射す。同五十分クロロ・ホルムを掛け始め、

十時三分、石鹸にて洗滌、昇汞水を瀧の如くに流して洗い、

十時十分より近藤次繁氏、刀を取りて腹壁と俗に言ふミズオチよりへりの処迄一直線に切開し、

十時三十五分になりて癌を切断す。

十時四十分より縫い始め、

十二時二十分に終はり、三十分繃帯を終える。

すぐ手術室より病室に連れ戻されり。叔母上は一瞬手術室に入りたまひしも、クロロ・ホルムのにほいあり、外に出でたまえり。見るに忍びぬとて。

手術は見事に終はりぬ。あとの経過よからん事を祈るなり。胃のほとんど三の一を切りとれり。見事切りとれたる為め、一同大喜び、久々にて愁眉も暫しはとけやらんと思ひしか、此処三、四日が甚大切にて三日を無難に過したまはじ、先づ宜敷からんとの事なり。無論未だ安心などは出来ず、水も薬も一滴さへも飲むことならず、唯天運御強ければ御恢復に向かはんのみ。頼りなき身の神だのみ、一同に御運の強からんことを祈り居れり。

目白にては早朝より御祈祷ありぬ。

二十九日

手術の翌朝は容体に変化がなかったので一同ほっとし、見舞いに来ていた人も昼には三々五々散っていった。しかし、夕方になって看護婦が「脈に結代〔脈が途切れること〕がある」と知らせて来たそうである。「そら、はじまったな」と日記にある。開作は数人に電話をして容体を知らせた。皆何事が起きたのか、不安でたまらず、ただ「あゝ」と繰り返すだけだったようだ。開作としてもなんとも答えようがなく、心配で電話で知らせはしたものの、肝心の自分が取り乱さないように堪えているだけで精一杯だった。

子供たちが霊南坂の自宅から病院に着いた頃には豊はすでに危篤に陥っていた。家族の者たちだけでなく、広瀬や大倉などの近しい人びとも次々駆けつけて来た。

> 三十日
>
> 追々東もあかるくなり、八時頃には父上、母上、広瀬、大倉の諸氏も来れり。唯終わりを待つのみとは嗚呼残念。咽喉かはきたもふ事甚しき故、水とシャンペーンにて折々口をうるほし……名医の尽力も此処に至っては法もなきと見え、注射位が関の山なり。午後一時ねむるが如く笑を含んで終りにつきたまえり。兄といひ又叔父上といひ、実に見事なる往生と感ぜぬ者こそなかりけれ。

豊が亡くなったのは、一八九九年七月三十日の午後一時。病院を取り巻く鬱蒼とした木立からは、セミの鳴き声が響き渡っていた。享年四十五。

葬儀は八月四日霊南坂の自宅で釈雲照律師によって執り行われ、遺体は同日青山墓地に埋葬された。この日も朝から太陽が照りつけ、一人の人間の生涯が終わっても周囲の光景はいつもと変わりはなかった。

豊は、日本の医学の発展にも寄与することになった。成功例がなかった胃癌の摘出手術の実験台になったのである。近藤先生はその後開腹手術を成功させる。先生は日本で初めて胃癌の手術をした医師として日本の医学史に名を遺している。

アメリカでの報道

森村豊の死は日本ではほとんど報道されなかったが、ニューヨークでは、数多くの新聞が紙面を割いて彼の死を悼んでいる。豊は、日本でよりもニューヨークでよく知られていたのである。アメリカでの報道によって、豊の事業がどのようなものであったかが偲ばれる。とりわけニューヨーク・タイムズ紙は、モリムラ・ブラザーズがブロードウェイに店舗を構えたときにセンセーショナルな記事を載せていたこともあるのだろう、彼の逝去をいち早く一八九九年八月二日には、水曜朝刊で報じている。その記事を読んでみよう。

森村豊氏逝去

日本の陶器販売のパイオニア森村豊氏が東京で亡くなった。彼は、二十数年前、米国で商業の勉強をするために当地にやってきた。ハーバード大学〔実際にはイーストマン・ビジネスカレッジ〕を優秀な成績で卒業し、大学在学中に六番街十五通りに日本の小物を販売する商店をオープンすることを思いつき、東京の兄市太郎に陶器や銅器の古物を送ってもらい、商売を始めたのである。

その店が大成功を収めると、今度は、陶器に特化し、東京の兄と共同で、ブロードウェイ五百四十番地に卸売店を開いた。さらに、その店の向かい、五百三十七番地にも広大な店舗を開設したのである。

豊氏は二十三年間当地で過ごしていたが、本年二月に体調を崩し、精密検査を受けるために日本に帰国した。長らく患っている胃病が癌性のものとわかり、そのために七月三十日東京で亡くなった。四十六歳（原文ママ）だった。東京には妻と三人の子供が残された。

氏は生糸販売にも関心を持ち、数年前からグリーン通りのモリムラ・アライ・カンパニーを経営し、最近は東京に銀行も開設している。実際の経営は兄市太郎が取り仕切っている。森村兄弟は、日本に設立した自社工場でアメリカで販売する商品を生産し、作品の多くが万国博覧会で数々の賞を受賞している。

実に寛大な人で、良いと思うことはすぐ実行に移した。虚飾をはらず、自由な考えを持ち、福祉事業や慈善事業にも進んで援助をした。会社内では極めて評判がよく、職員たちに人気があった。

ニューヨーク・タイムズ紙が実によく豊の生涯に通じていて、モリムラ・ブラザーズの事業の展開もよく知っていたことには驚くばかりである。

他方、八月三日のニューヨーク・トリビューン紙は経済欄に豊の写真と記事を載せ、見出しは「裕福な日本人実業家・銀行家の森村豊氏、東京で逝去」として、彼の業績に賛辞を送っている。まずは、その書き出しを見てみよう。

昨日ケーブルで東京から届いたニュースによると、東西両半球の商業界で絵に描いたような成功者だった森村豊氏が亡くなった。氏は、この国で非常に大きな日本製陶器の販売業を展開していた。彼が創立した商店は、今やアメリカのあらゆる地域に顧客を持っている。一方、東京の本社はヨーロッパの多くの都市に陶器を輸出している。

陶器産出国でなく、高級品はヨーロッパからの輸入に頼っていたアメリカにしてみれば、二十数年前に突然アメリカにやってきて、事業のコツをマスターし、見る見るうちにアメリカ中に陶器販売を浸透させた豊は、まるでおとぎばなしに出てくる人物と映っていたのではないだろうか。貧しい境遇から身を起こし、事業を成功させるという出世物語が大好きなアメリカらしく、二十三年に及ぶ豊の成功談を取り上げている。トリビューン紙は、豊がニューヨークに店を出したときの状況をよく把握していた。「知らない国に来て、ハーバードとポキプシーのビジネススクールで過ごす間に、想像力が掻き立てられ、豊氏は、一八七六年、六番街に最初の店を開いたのである。その時の資本金はたった千ドルだった。開店の準備は、何から何まで一人で行った」。

　トリビューン紙は、ブロードウェイ店の永井マネージャーの取材から豊の言葉も伝えている。どのようにして成功したか尋ねられて、豊は「自分のポケットにある金以外は決して使わないと決めていた。ポキプシーの商業学校へ通っている頃、小遣いが二セントだったので、それでリンゴを一個買い、一週間手を付けないで眺めていることに幸せを感じた」[3]と答えている。わずか千ドルの資金で始めたモリムラ・ブラザーズをアメリカ一の日本商社にし、一説によると七、八百万ドルの資産を作り上げたのである。

　こうした豊を称える死亡記事はニューヨークの新聞だけでなく、地方の有力紙にも多数掲載された。ワシントンのイヴニング・スター紙を始め、マディソン・デイリー・リーダー紙とか、ウィスコンシン州のウッドカウンティ・リポーター紙などにもある。遠い地方の新聞にも訃報が載ったのは、インポート・オーダーのおかげで彼の名が全米の隅々まで届いていたために違いない。

　これだけ豊の死がアメリカで報道されていながら、日本では新聞紙上に訃報も追悼記事も全くといってよいほど出なかった。わずか森村家の黒枠の死亡広告が出たのみである。この落差はいったいどこから来るのだろうか。豊はしばしば日本に一時帰国していたから、日本でももっと知られていてよいはずである。市左衛門も豊を財界の人びとに紹介することがあったはずである。これは想像になるが、おそらく豊の控えめで寡黙な性格、そして何より、何ごとにつけ兄を立てる態度が彼を目立たない存在にしていたのだろう。市左衛門がどんなに弟をほめたとしても、日本の人たちには彼がニューヨークでどれだけ孤軍奮闘したのか想像することは難しかったに違いない。そうした情報の多寡が豊逝去をめぐる報道の違いに反映しているのだろう。しかし、日本の新聞の沈黙は、その後の豊の評価にもつながり、日本において豊の功績が充分に理解されないままに今日に至っているのである。筆者は、ニューヨーク公共図書館に行って、豊の死を告げる数々の追悼記事を目にして唖然としたものである。森村豊は日本では忘れられた実業家なのである。

豊の忘れられた生涯

豊が自分を語る人間ではなかったことは、開作の日記からも汲み取れる。豊の思いを直接に伝える記述はほとんどないのである。わずか、「モー帰り来ぬぞ」くらいのものである。逆に言えば、豊は万感の思いを込めて、この言葉を吐いたに違いない。

寡黙な豊は胸に多くのことを秘めて死んでいったに違いない。あらためて豊がどんな思いで開腹手術を受け、死んだのかが問われてくる。いったい、彼は自分の遍歴をどのように考えていたのだろうか。彼が思いのすべてを胸に秘めて墓場に行った以上、それは答えのない問いである。しかし、残されたわずかな資料から彼がどんな人だったのか多少なりとも推し測ることはできるように思う。

まず彼は、いつ死んでもよい覚悟でいたらしいことは、市太郎への手紙の中の言葉から察せられる。広瀬実光氏がニューヨークに来られるなら、「自分にもしものことがあった場合、当地の状況を知っている人がいることは望ましい」（一八八四年）と述べているのである。すでに、このとき自分の死後を案じていたことがうかがえる。

鹿衛は豊の死因を次のように語っている。「仕事上の無理がたたったのです。几帳面で真面目一方だったから心労を発散することができなかった。兄からはっぱをかけられれば、どんなに疲れていても一生懸命働いたのです。疲労で夜寝られないので葡萄酒を飲んで寝ていたが、それがきかなくなり、ウイスキー、ブランデーと進んでいって体をダメにしたのでしょう[4]」。

鹿衛の言葉は、豊が健康に気をつけていたとはいえ、異国の空の下で眠れない晩、思い悩む晩がたびたびあったことを教えてくれる。おそらく商売のことが気にかかって眠れなかったのだろう。もっとも、それだけではないだろう。ニューヨークに生きる自分の人生を考えてしまうときもあったに違いない。いったい自分はニューヨークに骨を埋めることになるのだろうかとも自問したに違いない。豊は妻をニューヨークに連れてくることはなかった。むしろできるだけ彼自身が帰国するようにしていた。そこから見えてくることは、彼が自分の家庭をあくまで東京に置こうと考えていただろうということである。自分の家を興し、代々受け継がれるように、子だくさんの家庭を築こうとしていた

（後列）豊、（前列左から）鹿衛、喜美子、玉子
1896年（明治29年）

だろうということである。彼は、別居生活を送りながら家に戻り、鹿衛に七人も子供を産ませている。そのうち、成人したのは三人だけだったが、豊は子孫を残そうとしていた。

そこから引き出せる結論は、豊は自分をあくまで日本人として捉え、子孫をアメリカ人とする気持ちはなかったということである。豊はどんなにニューヨークの社会に溶け込んでいるように見えても、いつも自分を日本人であると捉え、いつの日か日本に帰るつもりだったのである。一度事業をやめて、銀行を作ろうと言い出したことがあったが、それも、そうした彼の思いから来ているに違いない。

しかし、豊という人物が面白いのは、そのように日本人としての自覚をしっかり持っていながら、そしてまた、その気持ちが揺らぐことがなかったにもかかわらず、ニューヨークの生活に馴染み、交際を広げ、人脈を作っていたことである。豊は他の日本人たちのように日本人の集団を作り、そこに属し、現地の社会に溶け込もうとしない狭隘《きょうあい》な精神の持ち主ではなく、自分とは異なった人間を受け入れ、交際するだけの度量を持った人間だった。

これには、兄から「ニューヨークに行け」と言われたことも関係しているだろう。度々書いているが、豊は十一歳のとき、兄から協力を頼まれ、「もちろん喜んで、国のために奉仕する」と答えている。兄の願望は「国のために外国へ出て行って、日本の富を取り返す」ことだった。まだ誰も試みたことのない日米貿易の土台を作ることを、これほど前向きに挑戦し続けてきた人がいるだろうか。

　彼は兄の命を受け、それを実現するにはどうすればいいのか考え、日々心を砕いていた。そういう意味では、江戸時代の道徳観をたたき込まれた義理堅い人間だった。しかし、一見そうした古めかしい人格のうちに、新しいもの、新しい価値観を学び、受け入れようとする、新しがり屋の血が流れていた。そこには古い殻を破って新しい世界を作り出して行く高い志が感じられる。このような矛盾していると言ってもよい多重的な性格は、豊独自のものであった。しかしまた、明治という時代の要請であったのかもしれない。豊のうちには、江戸の封建的精神と先進的な合理主義とプラグマティズムが同居している。

　もう一つ強調しておかなければならないことは、豊がすぐれた知性の持ち主だったことである。豊は、兄の命を受けて事業を実現するだけの並外れた能力を持っていた。それは、モリムラ・ブラザーズの加速度的な成長によく表れている。二十数年のニューヨークでの事業において、豊は一度も赤字を出していない。これはたいへんなことである。景気が良かろうが、悪かろうが、常に利益を捻出し、モリムラ・ブラザーズを発展、拡大していったのである。商品の選択、新商品の開発にしても、豊が現地で行う判断がすべてだった。そうしたことを見極める経営の才たるやまれに見るものだった。いったいどこにモリムラ・ブラザーズ成功の要因があったのだろうか。豊の経営才覚なくしてあり得なかったのである。

　もちろん、大倉孫兵衛や広瀬実栄たちの功績があったことは言うまでもないが、そうした人びとの努力やアイディアをうまく吸い取り、調和させ、いつでも明確な経営方針に纏めあげていったのは豊である。豊の采配なしには、モリムラ・ブラザーズの持続的拡大はあり得なかった。兄に言われたこととはいえ、豊のまっすぐ前に進んで行く人間力を感じないではいられない。

　豊の経営の才は、判断力と、そしてとりわけ類いまれな観察力にあったように思われる。彼がニューヨークの比較的富裕な階級の人びとに溶け込んでいったのも、商品を売るには、ニューヨークの人びとの生活様式をよく知り、彼らの嗜好をよく理解しなくてはならなかったからである。そして、そこが当時の他の日本人による商売と異なる点である。日本の雑多な工芸品を売り捌くところから始め、その過程で次第に陶磁器に経営資源を集中させるべきと考え、次にニューヨークの人びとの生活を観測し、その趣味に合った絵柄で陶磁器を飾るために、日本の画工たちに新たな技術を要求したのである。さらには、日本の伝統的なくすんだ色ではなく、白磁の食器の開発に取り組むようになったのも、豊の日々の観察に基づいていた。白磁の食器ができるようになるのは、大倉孫兵衛・和親父子のおかげで、完成するのは豊の死後だったが、的確に指針を立てて、諦めることなく推進したのは豊の人間力のなせる技である。

豊が行っていた仕事、商品を大量にかつ効果的に販売しようという試みは、今で言うところのマーケティングのさきがけだったと言えるだろう。ニューヨーク・タイムズ紙の記者から、「まるでアメリカ人になったようで、服装から仕草までまねしている」と驚異の目で見られたが、それは実は豊が意識的に行っていたことだった。気分までアメリカ人と同じになって観察すれば、アメリカの本質が見えてくるのである。そこまでしないとアメリカ人が求めているものはわからないと考えていたのではないだろうか。

彼には孤独な時間も多かった。家族を日本に置いてきていたことと、太平洋上を一人で四十二回往来したことから推測すれば、そんな孤独の中で商売の戦略を考えていたのかもしれない。豊がアメリカ社会から影響を受けていたとすれば、プラグマティックな精神だろう。森村家伝来の商人気質とアメリカ的な合理主義と経験主義が豊のうちで結びついていた。ニューヨーク社会での生存競争に勝ち残るために習得した直観的知恵もあったに違いない。

しかし、豊はニューヨークの社会に呑み込まれてしまう人間でもなかった。用心深く人間を観察し、判断する落ち着きを持っていた。たとえばこんな話がある。

市左衛門が純白硬質磁器を生産したい一心から、あるとき、松方正義公爵の紹介状を持ってやってきた斉藤某という男に騙されそうになった。「長年白磁の研究をしており、ヨーロッパ経由でイギリスへ行き、陶磁器製造の機械を買いたい」とのことだったので、すっかりその男を信じて、豊に便宜を図るように命じた。しかし、男は単なるペテン師だった。豊は「兄は正直ですぐ人に騙されるから困る」と言って、その男の正体を見破り、この詐欺事件を未然に防いだ。市左衛門はものごとを善意に考える傾向が強かったが、豊の動物的な嗅覚で大事に至らずに済んだ。的確な判断と機転を使うことができたのは、アメリカという一律ではない社会で虎視眈々として磨いてきた豊の精神力だった。兄の凡庸な人間観とは相容れないものだったのかもしれない。こういう精神は当時の日本では理解されにくかったかもしれない。事業は人情で解決するものではなく、自分の目で見て判断し、決断を下した。

しかし、豊は冷たい人間ではなかった。自分のことについては寡黙だったし、いつでも兄を立てていたが、写真を見ているとユーモアの精神もあり、おどけたところもあったのではないかと思われる。

自分の直情に振り回された例がいくつかある。律儀で、実直で融通が利かなかったことからいらいらして、感情を爆発させるのである。晩年に家族と共に霊南坂で暮らしていた頃の話がある。

その頃、外出には人力車が使われていた。豊は出先へお抱えの者を呼んだが、時間通りに車が来ていなかった。待たされたことに怒って、口もきかずにとっとと歩いて帰ってしまった。そのあとを車がついていく。帰るとその者が鹿衛に「誠に申し訳ありません。だんなさまは、十五分遅れたばかりにどうしても乗ってくださいません。本当にお堅くて……」と涙ながらに訴え、どうしようもない事情で遅れたことを詫びた。

鹿衛が事情を豊に説明すると、「それはおれが悪かった」と、すぐに水に流す。「まったく融通が利かない堅物だった」という鹿衛の証言を息子の勇が披露している。[5] 約束通りにものごとが進まないと即座に立腹し、厳しい態度をとるが、事情がわかればすぐに赦し、自分の感情をコントロールできなかったことに涙さえ流すことがある。人情に厚い、江戸っ子の気質は相変わらず健在である。

ブロードウェイ時代にはこんな話もあった。店先に置いてあった古いブリキの箱を社員が捨てようとすると、いきなり止めて、「それは昔金庫として使っていたんだ」と言って、えらくセンチメンタルになった。このあたりは市左衛門とはかなり違う。内面から湧き起こる人間の感情に振り回されて、理屈より気持ちが先に動くのである。

情愛の面で、豊が幸せであったかどうかはわからない。ただ、彼がニューヨークで仕事に専心できたのには、鹿衛の功績がある。一年に何度か日本へ帰るときは、仕事の重圧はあったが、鹿衛と家族に会えるのだから、安らぎの時間だったのだろう。無事に育っている三人の子供たちにすべての愛情を注ぎ込んだ。彼らが度量の大きな人間になるように祈っていた。そして、その仕事を鹿衛に託したのだった。

鹿衛は、子供たちの成長を生き甲斐にしていた。昭和三年に次女、喜美子の家族と初めて船に乗って九州旅行に行った。そのときのことを彼女が息子勇への手紙に残した言葉が印象的である。「船にはちっとも酔いませんでした。この分なら桑港《サンフランシスコ》まで行かれます」と記している。実際に太平洋を渡ることはなかったが、豊が奮闘したニューヨークへ一度は行ってみたいと思っていたに違いない。明治の婦人のつつましやかな愛情が感じられる。昭和四年、六十二歳で死ぬまで豊と家族のために一生を捧げたのである。

筆者の手元に鹿衛が身に着けていたという短刀がある。おそらく護身用の武器だったと思われる。森村家に嫁いでからも常に士族としての誇りを持っていたからだろう。貴重なものかどうかはわからないが、短刀の鞘と柄の両端と刃を出し入れする部分に象牙の装飾がついている。女性が懐に入れるものだったらしく、錦の絹袋に入っている。短刀は鹿衛の孫（喜美子の長男）すなわち私の父を経て私の手元にある。我が家に伝承された短刀と同時に、豊の精神も代々受け継がれているような気がしてならない。森村家はそれぞれが自由な志を立てて、個人は何物にも縛られずに、好きな道を進んでほしいと願っていたのだろう。それぞれが私徳を積んで、社会に供することが人間の幸せであると思っていた。森村家には自由を尊ぶ精神がある。

ニューヨークでの豊、豊と鹿衛の仲、そうした記憶の証言も、豊の急死によってほとんど残されていない。しかし、残されたわずかの資料や証言、そしてまた豊の行動をつなぎ合わせてみると、彼がいかにすぐれた実業家であったか、そしてまた、家族への情愛の深さが蘇ってくるように思われるのである。

後注

（1）水谷渉三編『紐育日本人発展史』七八二頁　紐育日本人会　一九二一年
（2）日記の原本は確認できず。引用は手元にあるコピーによる。
（3）Obituary, *NewYorkTribune*, August3, 1899. *p.7.*
（4）中川敬一郎他編『財界人思想全集1　経営哲学　経営理念・明治大正編』二〇五頁　ダイヤモンド社　一九六九年
（5）同掲書　二〇四頁

第七章

豊の遺業の引き継ぎ

「商況奉告祭之記」[1] 十年後の森村組

一九〇九年（明治四十二年）、豊の死から十年目に赤坂霊南坂の森村豊邸に森村組の関係者が集い、豊の霊前で森村組前年度の決算報告会が開催された。市左衛門、大倉孫兵衛、村井保固、広瀬実栄、森村開作、森村鹿衛など幹部が裏庭に参集し、豊の銅像の前に整列した。「豊の死後十年経過しましたが、森村組は益々盛況であり、それは豊の恩恵であります」と市左衛門は挨拶した。そのあと、全員が仏間に移動し、豊の仏前で市左衛門は次のような報告を行った。

> 昨年度の決算奉告を致します。大恐慌の跡を受けて、不良と思ひし結果が却って前々年にも優る成績を得たと云うことは全く、尊君の御遺光に外ならず、ここに我々一同

集って御礼を申上げます。尊君逝かれてからもう十年になりますが、逝るものは日に遠しと云うけれども、尊君の御遺風は年と共に光明を増すのみであります。尊君、齢は私の弟なれども事業の上にては兄上であります。今日の森村組の基礎を固めたのは全く豊様の力であります。御遺訓を守ることに就きて、絶えず注意して居るけれども、不肖にして兎角誤が多く、面目次第も無いことであります。

市左衛門の報告は、あたかも生ける豊に話しかけるようで、参集者は粛然とし、感極まって涙を流す人もあった。静寂の中にすすり泣きの音が漏れたそうである。続いて、豊をよく知る人たちが、豊がどれほど会社のために尽くしたか、彼の初志貫徹の気合いが社員をどんなに強く引っ張ったかを語り合った。

市左衛門の「決算奉告」を読むと、豊の死後十年の間に紆余曲折はあったにしても、事業がほぼ順調に拡大していたことがわかる。たとえば「不良と思ひし結果が却って前々年にも優る成績を得た」とあるから、社会全般の景気が非常に悪いにもかかわらず、成績の向上が見られたということである。森村組がいかに急速に成長していたかを教えてくれる言葉である。そして、その原因が豊のおかげだと、市左衛門は強調している。「尊君の御遺風は年と共に光明を増すのみであります」と言っている。さらに市左衛門は、「齢は私の弟なれども事業の上にては兄上であります」と、実業家としては兄の自分よりも弟の方がすぐれているとまで言っている。二十世紀に入っても拡大を続ける森村組の基礎を固めたのは豊なのである。

　確かに、ニューヨークで商品が売れなければ、どんなに市左衛門が東京や名古屋で頑張っても、売り上げは拡大しようがない。豊がニューヨークで客の好みを把握し、それにぴったり合った商品を取り揃えたからこそ、森村組は飛躍的に成長したのである。そして、豊の死後十年経っても、基本的に豊が敷いた路線に乗って伸長したということである。その基本路線は、まずファンシーウェアの販売を拡大することだった。その成長ぶりは、数字にはっきり表れている。瀬戸の陶磁器輸出は、ファンシーウェアの製作が始まった一八九一年（明治二十四年）頃には年間十四万円程度であったが、一九〇三年（明治三十六年）には八十四万円を超えている。[2] 豊が打ち出したファンシーウェアが大当たりとなって、売り上げが約六倍になったと考えられる。

　ファンシーウェアの開発は当時の日本の技術水準から見て、非常に困難な道だった。製作工程の改良のために、一八九四年（明治二十七年）に森村組は名古屋店を名古屋橦木町に移転した。それまでは、瀬戸で生産される素地を名古屋、京都、東京に運び、画付けして横浜で船積み、輸出していた。この工程の効率を上げるために、それまであちらこちらに散らばっていた画付工場を橦木町に集約し、瀬戸の窯元と緊密な意思疎通を図り、さらに輸出業務を名古屋で実施することにした。おかげで製造から輸出までの時間と距離が格段に縮まったのである。

橦木町は輸出陶磁器の牙城になった。このようにファンシーウェアの工程を集約する一方で、豊の率いるモリムラ・ブラザーズは、ファンシーウェアの限界にも気が付いていた。ディナーセットの商品を取り揃えることによって初めて、お客の期待に応えることができるだろうと思ったのである。そのきっかけは、大倉孫兵衛がシカゴ万博でヨーロッパの陶磁器を見たことだった。アメリカの富裕な市民は、ヨーロッパの食器をあがめていた。モリムラ・ブラザーズの拡大にはフランスやドイツの陶磁器製作技術を身につける必要があった。そこで、東京高等工業学校出身の技術者飛鳥井孝太郎が招聘されることになった。彼に敷地内に建てた白素地研究所で素地の改良にあたらせることにしたのである。

西洋風テーブルウェア、すなわちディナーセットを完成させるためには、いわゆる八寸皿（直径約二十四センチの皿）を製造しなければならない。このディナープレートがなかなかできなかった。身込み（プレート中央部分）の面積が大きいために底を一定の平板にすることができず、中央が弛んでしまうのである。さらに、ディナーセットは、何組も揃える必要があるから、皿を重ねたときに厳密な均一性が求められた。その点は和食器とは大きく異なる。和食器は家内工業的に生産できるが、ディナーセットは、近代的な工場に新技術を導入し、最新の装置を稼働させなければ生産できない。

一九〇四年（明治三十七年）一月、市左衛門は白磁のディナーセットを生産するために、新たに日本陶器合名会社を愛知県鷹羽村大字則武に設立した。二月、地鎮祭が行われ、三月、石炭窯の起工式が行われている。この窯と一緒に、大量生産を可能にするヨーロッパの機械が導入された。それは、大倉孫兵衛の尽力で輸入されたものだった。日本で初めての石炭使用の焼成窯が完成したところで、ようやく工場生産の準備が整った。しかし、石炭焼成の技術が未熟であったために、実際の生産は芳しくなかった。工場設立から白磁ディナープレートが完成するまでおよそ十年かかるが、その費用を下支えしたのがニューヨーク店の売り上げだった。豊の奮闘で可能になったファンシーウェアの販売がうまく路線に乗り、商品の輸出が拡大し、それによって資本の蓄積ができたのである。こうして、ようやく白磁のテーブルウェアを生産する体制は整ったが、肝心の技術的な課題が克服できず、作っても作っても失敗という浪費の十年が続く。ついに一九一三年（大正二年）になって成功を見るが、そこまで資金を供給し続けることができたのは、ニューヨーク店の営業成績が持続的に向上していたからなのである。豊という人は並みはずれた洞察力とすぐれた先見性を兼ね備えていたと言えるだろう。

豊の亡くなったあと十年余は、このように白色硬質磁器製造の試行錯誤と落胆の日々が続いた。ときには人間関係にヒビが入ることもあった。則武の地に新しく設立した日本陶器の敷地があった。そこに、橦木町から森村組が移転することになった。素地製造を取り仕切る日本陶器の技術者と職人、画付けを担当する錦窯組の職人、輸出業務を担当する森村組の社員が敷地内に混在していた。指揮命令系統の違うグループが一箇所に同居しているわけだから、意思疎通に欠け、職員同士は口をきかないという事態にまで状況が悪化した。ついに、市左衛門と大倉孫兵衛との関係にも亀裂が入った。

それを無事に収めたのがモリムラ・ブラザーズの村井だった。森村組と日本陶器との間でさまざまな協定が結ばれた。その結果、日本陶器は素地製造に専念し、森村組は日本陶器から素地を買い、配下の画工部で画付けを行い、完成した商品をニューヨークへ輸出することになる。

森村組はこれまで匿名組合として三十年事業を展開してきていたが、この機会に日本陶器との分業が承認され、初めて改組を行った。市左衛門が総長となり、大倉孫兵衛は総長の相談役になった。村井保固が総支配人を務めることになる。

当時会社を事実上運営していたのは、創業者の二世たちだった。市左衛門の次男開作、大倉孫兵衛の長男和親、広瀬実栄の次男実光である。そのうち、大倉和親は、日本陶器で陶磁器製造の仕事を任されていた。豊亡きあと、ニューヨークの総責任者は村井だった。森村組とモリムラ・ブラザーズの従業員は、日本陶器設立の一九〇四年（明治三十七年）には約百五十人であったが、三年後の一九〇七年（明治四十年）には三百五十三人になった。因みに、日本陶器の従業員は千人を超えていた。

「商況奉告祭」の機会に、市左衛門は、参集した森村組関係者の前で前出の社是「我社の精神」を作ったのである。この森村の精神は、「天の道を信ずべし、天は人の為に万物を経営し、寸時も休む事なし。上記の条を鉄石心をもって確守すべし。修養して怠らざれば、心神の至誠、天に通すべし」と結ばれている。あたかも天にいる豊と地上の参集者が一体になって固い約束をしているようである。

森村豊明会の設立

森村組の拡大に貢献した、もう一つの要素に「森村豊明会」の設立がある。森村豊明会は、市左衛門が一九〇一年（明治三十四年）に豊と明六を偲んで設立したものである。市左衛門は、豊の遺産と遺志をどのように引き継いだらよいか思案していた。しかし、一連の法事が済むと、このような不幸が続くのは、天の思し召しと思った。この打撃に反発しようとする精神が猛然と起こったのである。豊が平生から「もしできる身分になったなら、国家のために金を投じたい[3]」と言っていたことを思い出した。

　市左衛門は二人の死から一年半後の明治三十四年、彼らの慰霊をなぐさめるために任意団体を結成した。二人の名前に因んで「森村豊明会」（現公益財団法人森村豊明会）と名付け、この会へ森村組を組織している人びとが余裕のあるときに出資し、公益の事業に寄付することを取り決めたのである。もしかしたらアンドリュー・カーネギーの精神に共鳴したのかもしれない。なぜならば、市左衛門の『獨立自營』に、カーネギーの名前が出てくる。貧しい生まれでありながら一生懸命働き、世のため、国のため、人のために尽くしたカーネギーを市左衛門は賞賛している[4]。

　カーネギーの著作『富の福音』は日本でも一九〇三年（明治三十六年）に翻訳され、実業之日本社から出版されている。市左衛門がそれを知らなかったはずはない。社会の進歩と個人の努力を信じるところは、カーネギーの思想と相通じるものがある。市左衛門は、教育、特に医学や応用化学などの分野で、これからの日本を背負っていく若者を育成することに残りの生涯を捧げた。イギリスやフランスを訪問して会得した「人間とはどうあるべきか」という問いの答えを模索していたに違いない。

森村豊明会の成立について、一九〇五年（明治三十八年）、その前年にできた名古屋の日本陶器合名会社で大倉孫兵衛は社員に向けて次のように語っている。

> この「豊」という字は故森村豊氏の豊をとり、「明」という字は故森村明六氏の明をとったものです。ご両人は森村組のために非常な功績があった最も大切な人で、商戦のために討死された人です。特に森村豊氏はこの会社に対して祖先ともいうべき人で、この人のおかげでこの会社が成立したと申してもよい人です[5]。

森村豊明会は日本のフィランソロピーの草分けである。日本が西欧の先進国に追いつくためには、すぐれた人材の育成が必要であるというのが市左衛門の持論だった。そこで実業家として社会的地位を得たあと、人材育成のための教育・研究活動に援助を始めるのである。福澤諭吉の依頼で北里柴三郎の伝染病研究所に援助を行ったのは、森村豊明会を設立する前だが、設立を機に本格的にフィランソロピーに乗り出す。日本女子大学校（現日本女子大学）、高千穂高等商業学校（現高千穂大学）、慶應義塾大学、早稲田大学へも積極的に経済援助を行った。森村豊明会の事業は、突き詰めれば兄弟が心に描いていた人材教育にスポットライトを当てている。豊こそがそういう現代に通じる実業人のモデルであった。

お金や財産を自分の力だけで儲けたように思ってはいけないのである。このお金は「天から一時預かったもの」にほかならない。自分たちに与えられているのは、それを保管する役割なのである。従って、無駄遣いしてはいけないし、また、寝かしたまま、ほうっておいてもいけない。しかし、そのお金が役に立つと思われたときには、天から命令されたと信じて、使わなければならない。集めた財産は、有効に社会に分け与えることが重要なのである。市左衛門が遠い昔に『日本外史』を読んで魅せられた北条早雲の思想を想起させる。森村豊明会は設立以来、取り決めた趣旨を今日まで厳守し、日本に公益事業を根付かせるために専心している。少なくとも、市左衛門と豊が始めた事業の精神を受け継ぐ組織として指導的な役割を果たしている。日清戦争から日露戦争に至る頃は、軍国主義の始まりだった。誰もがお国のためにと気炎を上げた。ならば軍艦の建造費に献納してはどうかという意見もあったが、あえて粟一粒のような小さいものでも、国家のために種を蒔いたという感慨があるものに使いたいと市左衛門は思った。

数々の困難を乗り越えて、今日まで事業が発展してきているのは、豊と明六の犠牲の上に成り立っている「森村豊明会」が森村系列の会社の精神的支えになっているのだろう。総勢二万人を超える森村グループの社員を束ねるという役割を負っている。

個人商店からスタートした森村組は、「森村組＋日本陶器」として大正の終わりには、千人を超える大所帯の企業となった。この事業は近代日本の象徴的な産業になった。安物の代名詞であったメイド・イン・ジャパンから脱して、厳しい品質管理で信用を得た洋食器ブランド「ノリタケ」を創ったのである。近代化の一端として日本人の生活様式が西欧化されるのに合わせて、衛生陶器（一九一七年創立、ＴＯＴＯ株式会社）、碍子（一九一九年創立、日本ガイシ株式会社）、点火プラグ（一九三六年創立、日本特殊陶業株式会社）と窯業関連の企業が豊の後継者たちによって次々に生み出されたことは、豊も予想していなかったに違いない。その親会社である森村組も第二次世界大戦後、森村商事株式会社と名称を変えるが、その精神は市左衛門と豊が作ったモリムラ・ブラザーズから継承され、日本の貿易の一翼を担っている。森村組の精神、二人の蒔いた種は、百四十五年後の今日見事な花を咲かせている。

後注

（1）森村勇編『おもかげ集』一二―一三頁　一九三二年　森村商事所蔵（私家版）
（2）日本陶器70年史編集委員会編『日本陶器七十年史』一八六頁　日本陶器　一九七四年
（3）森村市左衛門述　井上泰岳編『獨立自營』三七九頁　実業之日本社　一九一二年
（4）同掲書　三〇頁
（5）『㊍之礎』新訂版　八二頁　森村豊明会　一九九八年

あとがき

紐育日本人会が一九二一年（大正十年）に刊行した『紐育日本人発展史』（水谷渉三編）には、「〔モリムラ・ブラザーズの〕創立者は森村豊にして実に本邦製陶磁器、雑貨直輸出の始祖たり」と記されている。日本で作られた陶磁器をアメリカで売るために、太平洋を生涯に四十二回往復しその一生を捧げた森村豊は、近代日本の窯業輸出の前史を作ったと言えるだろう。

しかし、今まで一八七六年（明治九年）の豊の渡米後のアメリカにおける動静を記したものはあまり知られていない。この点について本書を纏めることができたのは、大阪学院大学名誉教授の阪田安雄先生の研究のおかげである。先生は、明治初期に渡米して日米貿易に活躍した人びと、特に東部海岸に永住して生糸貿易に関係した新井領一郎の研究をしておられた。一九七〇年代後半、コネティカット州グリニッチの新井領一郎邸に滞在され、領一郎の子息米男氏のご好意で生糸関係資料を調査された。同家の史料は書簡類が中心であったようだ。新井の書簡や日記類を解読し、『日米生糸貿易史料』（一九八七年）および『明治日米貿易事始』（一九九六年）という書物を出版された。それらの史料には森村豊に関する情報が含まれていた。本書で述べた通り、新井と豊は家族同様の付き合いをしていたので、二人のニューヨーク滞在初期の動静を知ることができたのである。新井家にあった史料の一部は、一九七九年にハル・ライシャワー夫人の仲介でＵＣＬＡ（カリフォルニア大学ロサンゼルス校）のチャールズ・Ｅ・ヤングリサーチ図書館に寄託され、「新井家文書」として公開されていると聞く。

一方、日本国内に保管されていた森村組の資料の多くは関東大震災と戦災で失われた。ただ高輪の森村開作（豊の甥、七代目市左衛門）邸の敷地内には森村学園があったのでそこに保存されていたものと思われる史料が若干見つかった。特に開作直筆の日記は、豊が病気になってから逝去、埋葬されるまでの一部始終が記され、豊と家族との関係を垣間見ることができた。また、豊の息子勇が編集した『おもかげ集』（私家版、一九三二年刊）には、元本はすでに失われてしまっていた豊からの手紙類も掲載されている。本書は、これらの新旧史料と、森村商事資料室に保存されている日本の森村組とアメリカのモリムラ・ブラザーズの取引帳『輸出送状綴込』などを使い、新たにわかった事実などを追加して纏めたものである。もちろん誤りや勘違いについてはすべて筆者の責任である。

最後になったが、元渋沢栄一記念財団実業史研究情報センター長小出いずみ氏は、必要なときにいつも救いの手を差し伸べてくださった。ここで心から御礼申し上げる。また、森村商事株式会社は、明治初期の実業史料を自由に閲覧させてくださり、同社社長室は筆者を辛抱強く見守り、出版への手はずを整えてくださった。改めて感謝の言葉を記したい。

二〇二一年九月二十四日　　森村悦子

モリムラ・ブラザーズ　アメリカでの事務所の移転図

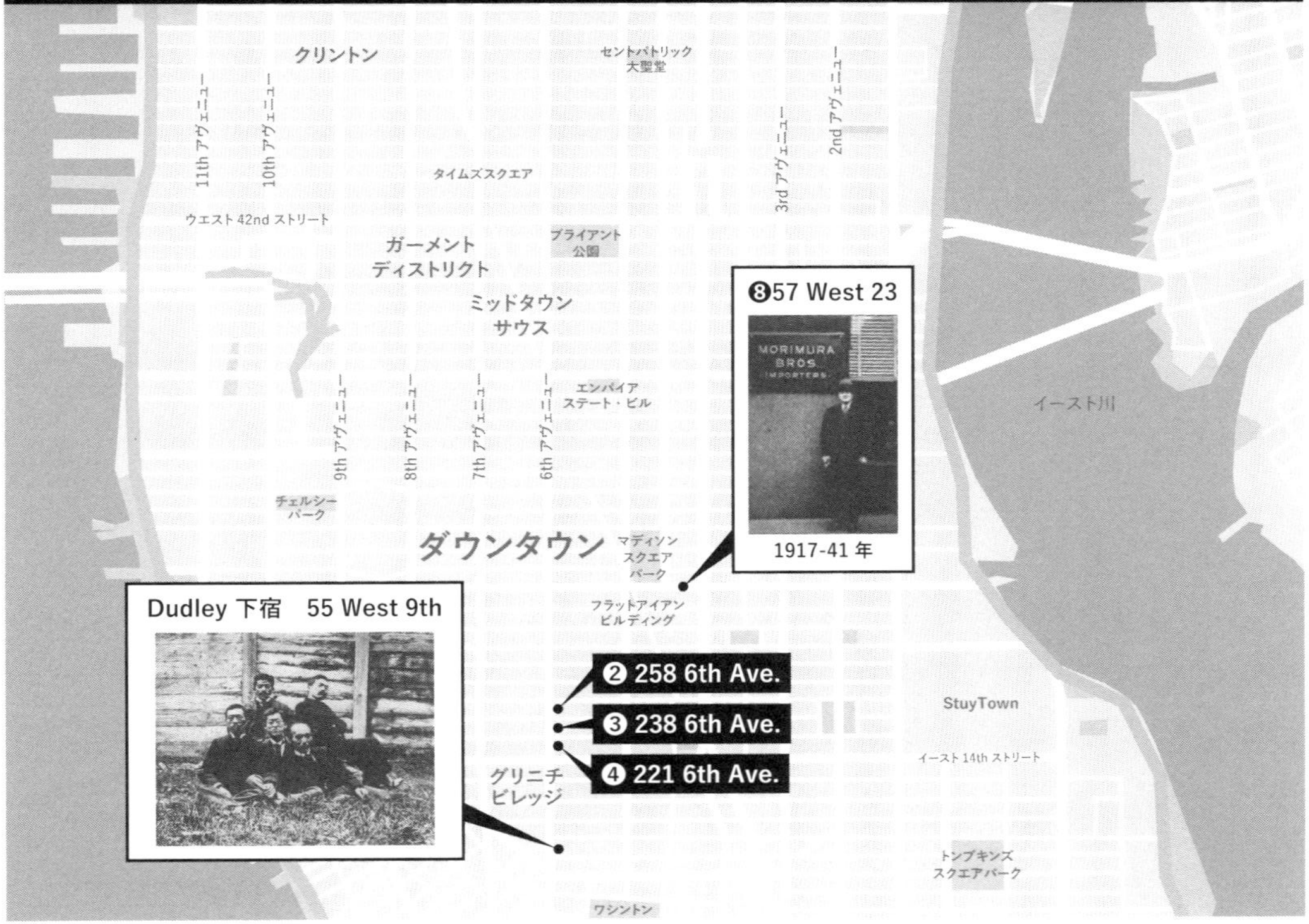

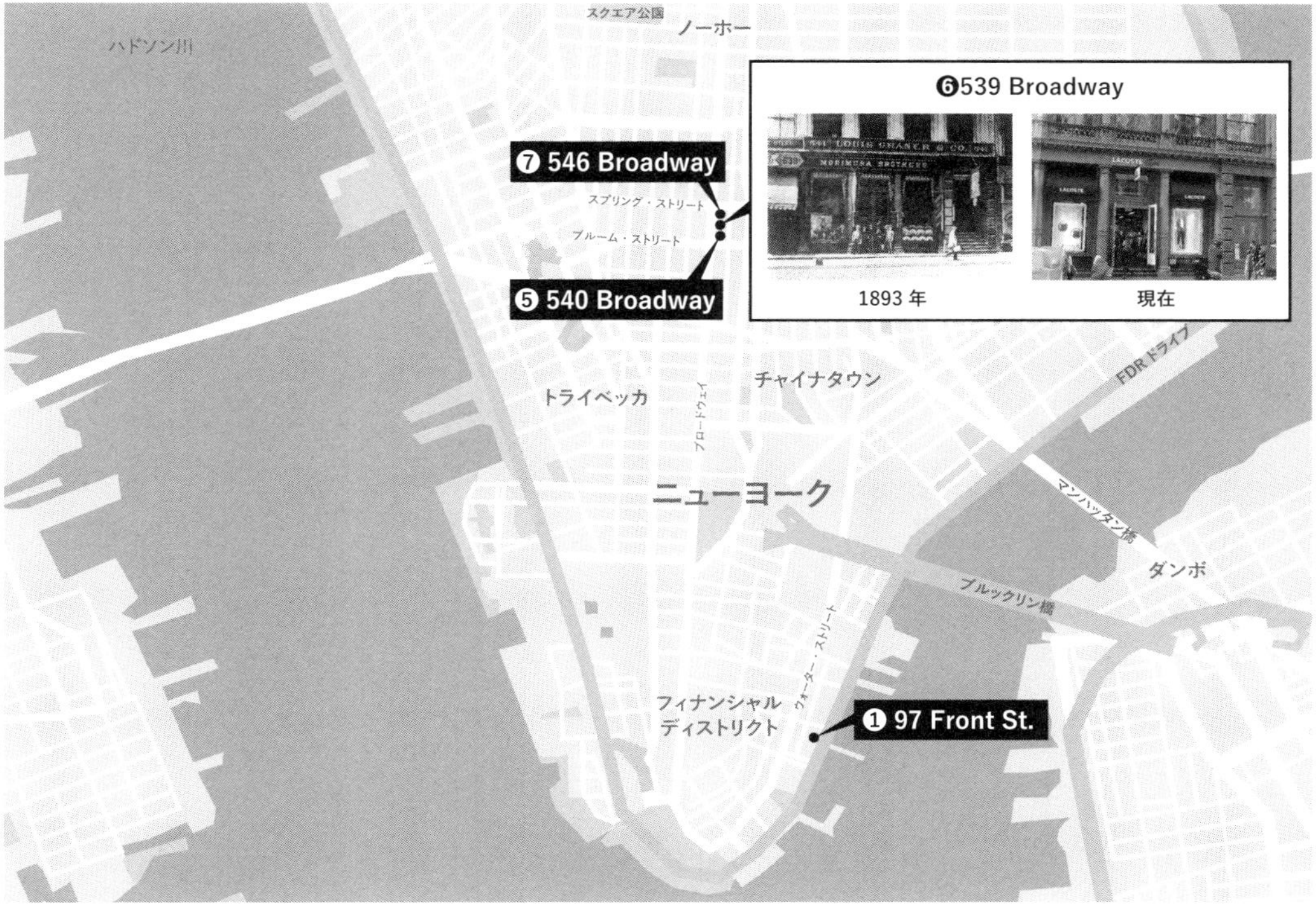

❶から順に事務所を移動している。

森村商事株式会社
MORIMURA BROS., INC.

【著者紹介】

森村悦子（もりむら　えつこ）

1944年東京都生まれ。森村豊の曾孫にあたる。1967年聖心女子大学卒業。1989年文部省司書資格取得(図書館情報大学)。1981年渡仏、パリ・アメリカン大学図書館、パリ大学都市日本館図書室、国立科学技術研究所図書館、国立東洋言語文化研究所図書館等で勤務。パリ日本文化会館の日本学研究図書館(最大3万冊収蔵)立ち上げの総責任者を務め、1997年の完成後、10年間にわたり首席司書を務める。2006年に帰国し、現在は森村商事株式会社のアーカイブズアドバイザーを務める。

日米貿易を切り拓いた男　森村豊の知られざる生涯

2021年11月11日発行

著　者──森村悦子
発行者──駒橋憲一
発行所──東洋経済新報社
〒103-8345　東京都中央区日本橋本石町1-2-1
電話＝東洋経済コールセンター　03(6386)1040
https://toyokeizai.net/

装丁……………中村勝紀（TOKYO LAND）
D T P…………アイランドコレクション
印刷・製本……藤原印刷
Printed in Japan　　ISBN 978-4-492-96198-8